圆通之道

谢　普◎编著

吉林出版集团股份有限公司

图书在版编目（CIP）数据

圆通之道 / 谢普编著 . -- 长春 : 吉林出版集团股
份有限公司 , 2025. 2. -- ISBN 978-7-5731-6273-1

Ⅰ . G78

中国国家版本馆 CIP 数据核字第 2025TZ9985 号

YUANTONG ZHI DAO

圆通之道

编　　著：谢　普

出版策划：崔文辉

责任编辑：徐巧智

出　　版：吉林出版集团股份有限公司

　　　　　（长春市福祉大路 5788 号，邮政编码：130118 ）

发　　行：吉林出版集团译文图书经营有限公司

　　　　　（ http: //shop34896900.taobao.com ）

电　　话：总编办 0431-81629909　营销部 0431-81629880 / 81629900

印　　刷：北京一鑫印务有限责任公司

开　　本：640mm×910mm　1/16

印　　张：10

字　　数：100 千字

版　　次：2025 年 2 月第 1 版

印　　次：2025 年 2 月第 1 次印刷

书　　号：ISBN 978-7-5731-6273-1

定　　价：59.00 元

印装错误请与承印厂联系　　电话：13911272317

前　言

　　所谓"圆"，指的是处世圆融；所谓"通"，指的是做事变通。

　　一个人如果总是方方正正，一本正经，就会像没有韧性的生铁一样，很容易就会折断。而圆融的人则不同，他们能够包容不同的观点和意见，不轻易与人发生争执，而是通过智慧的方式化解矛盾，达到和谐。圆融不仅强调柔和，还包含着一种柔中有刚的力量。这种力量不仅让人变得温和有礼，更重要的是在面对困境和挑战时展现出坚韧不拔的毅力。

　　圆融体现了一种智慧和包容的态度。圆融的人心胸宽广，在处理问题时，既能够保持柔和的态度，又能在关键时刻坚定立场，展现出内在的坚韧和力量。他们懂得在不同的情况下采取不同的策略，既能与人和谐相处，又能在需要时果断行动，维护自己的利益和原则。

　　变，是这个世界唯一不变的主题。世界在变，技术在变，人的观念在变……这就要求我们在做事时要懂得以变应变，随机应变。通过变通，我们不仅可以更好地适应环境，提升自身的竞争力，还能在不断变化的世界中找到自己的位置，实现人生目标。

变通不仅仅是对外界变化的被动适应，更是一种主动的策略选择。变通的人善于从多个角度思考问题，寻找最佳解决方案。他们不会拘泥于固有的模式，而是根据实际情况灵活调整，确保自己的行动始终符合当下的需求。这种灵活性和适应性，使得他们在面对挑战时，能够迅速找到出路，化解危机。

《圆通之道》这本书的诞生，源于笔者对生活、工作以及人际关系中的观察和思考。在现代社会中，竞争激烈，节奏快速，变化无常，令我们常常不知所措。当我们学会了圆通之道，学会了如何灵活变通，我们会发现，很多原本看似无解的问题，都能迎刃而解。

在生活中，圆融与变通的结合可以帮助我们建立和谐的人际关系。无论是在家庭中还是在职场上，圆融的态度帮助我们能够与他人和睦相处，变通的能力则让我们能够有效解决各种问题。例如，在家庭中，面对孩子的教育问题，我们既要有原则，又要灵活变通，根据孩子的特点和需求调整教育方法。在职场上，面对工作中的各种挑战，我们需要既保持团队的和谐，又能灵活调整策略，确保项目的顺利进行。

《圆通之道》不仅是一本关于如何为人处世的书，更是一本教导我们如何在变化中寻找不变，如何在纷繁复杂的世界中保持内心平衡的指南。通过学习圆通与变通的智慧，我们可以更好地适应这个快速变化的时代，实现个人的成长与成功。希望这本书能够帮助每一个读者，在生活的各个方面都能游刃有余，找到属于自己的幸福与成功之道。

目　录

第一章

左手圆融　右手变通

圆融是一种生存法则

"圆融"一词源自中国传统文化中的哲学思想，指的是一种包容、和谐、灵活的生活态度。圆融强调在复杂多变的环境中，能够通过调和矛盾，找到平衡和共存之道。圆融不仅体现在人际关系的处理上，也体现在对待事物和环境的态度上。

圆融不仅是一种哲学理念，更是一种生存法则。它可以帮助我们在处理各种复杂的人际关系、面对多变的环境和挑战时，保持冷静和理智。

无数例子告诉我们：棱角分明的人，哪怕再有才能，也会被外界碰得头破血流。威名赫赫的蜀国名将关羽，就是一个典型的例子。

关羽有万夫不当之勇，"温酒斩华雄""过五关斩六将""单刀赴会"等都是他的英雄写照。但他最终却败在一个被其视为"孺子"的吴国将领之手。究其原因，是他不懂"圆融"，凡事都要争一争。对除刘备、张飞等亲密战友外的人，其他人都不放在眼里。

起初，关羽对诸葛亮也抱有疑虑，不愿轻易接纳这位后来成为刘备重要谋士的人物，直至刘备亲自出面，耐心说服，才使得关羽逐渐改变了态度。继而排斥黄忠，后来又和部下糜芳、傅士仁不和。他最大的错误是和盟友东吴闹翻，破坏了蜀国"北拒曹操，东和孙权"的基本国策。在与东吴的多次外交斗争中，关羽凭着一身虎胆、好马快刀，从不把东吴人放在眼里，还公开提出荆州应为蜀国所有。最终，关羽兵败麦城，连带其子关平在内，为东吴将领潘璋所斩杀（《三国志》）。

　　除了关羽，还有西楚霸王项羽，他们都是盖世英雄，可惜因为不够圆通，最终成为悲剧的主角。

　　船体都是圆弧形，那是为了减少阻力，更快地驶向彼岸。人生也像在大海中航行，交际中处处有风险，时时有阻力。我们是与所有的阻力较量，拼个你死我活，还是采取圆融的姿态，化解与消减阻力？

　　答案不言而喻。

变通是一种实用智慧

"变通"一词意指在面对变化和挑战时，能够灵活应对，找到合适的解决方案。变通强调适应性和灵活性，强调在不确定和复杂的环境中，能够通过调整和改变达到预期的目标。

在我国的传统文化中，变通的智慧也非常重要。孔子说过："君子不器"，意指君子应当具有灵活多变的能力，而不是像器物一样固定不变。变通的理念在历史上得到了广泛应用，从军事战略到治国理政，变通的智慧无处不在。

例如《孙子兵法》里，就有"兵无常势，水无常形"。孙子强调在军事战略中，应根据敌情和环境的变化，灵活调整战术，以达到出其不意、攻其不备的效果。

例如诸葛亮在治理蜀国和应对外敌时，表现出了极强的变通能力。他总是能够根据实际情况，灵活调整战略和政策，取得了显著的成效。

在一个古老的王国里，有一位威严的独眼皇帝。他因为战争失去了一只眼睛而感到自卑，他希望能够拥有一幅完美的肖像画，以展示自己的威严和统治力。

于是，皇帝召集全国优秀的画师来到皇宫，命令他们为自己绘制一幅肖像。每一位画师都感到非常紧张，因为他们既要忠实地描绘皇帝的面貌，又不能触怒他，尤其是他那只失去的眼睛。

第一位画师绘制了一幅非常真实的肖像，详细描绘了皇帝的独眼。当皇帝看到画中的自己时非常愤怒，当场下令将这位画师打入大牢。

第二位画师吸取了第一位画师的教训，决定隐瞒皇帝的缺陷。他画了一幅完全没有独眼特征的肖像，给皇帝加上了另一只完美的眼睛。当皇帝看到这幅画时，同样非常愤怒，因为他认为这幅画并不真实，画师欺骗了他。于是，这位画师也被关进了大牢。

轮到了一位年长的画师上场。他略加思索，将皇帝画成一个威武的猎人，正在拉弓射箭射野兔。画中的皇帝英姿勃发，眼神坚定，而他瞄准目标时微微闭上的一只眼睛则巧妙地遮盖了他失去的那只眼睛。

皇帝对这幅画非常满意。他不仅看到了自己作为统治者的威严和勇猛，还没有因为失去的一只眼睛而感到难堪。这幅画巧妙地避开了他的缺陷，同时真实地反映了他的英勇气概。

姜还是老的辣。年长的画师不仅忠实地描绘了人物，还体现了皇帝的威武。这种灵活变通几乎无懈可击。

在现代社会中，变通的能力尤为重要。面对快速变化的科技、经济和社会环境，我们需要具备变通的智慧，才能在竞争中保持优势，获得成功。

在职场上，变通的能力可以帮助我们应对各种突发情况和挑战。灵活调整工作计划，适应新的工作环境和要求，提升我们的工作效率和适应能力。

在家庭生活中，变通的态度可以帮助我们应对各种家庭问题和矛盾。通过灵活调整家庭成员的角色和职责，找到解决问题的最佳方案，维护好家庭的和谐和稳定。

变通还可以帮助我们在个人成长中找到适应变化的方法。通过不断调整和优化个人的学习和发展计划，我们可以更好地应对生活中的各种变化和挑战，持续提升自己。

当圆融遇上变通

在定义上，虽然圆融与变通有所不同，但在实际应用中是互补的。圆融的态度，需要通过变通来实现。只有在具体的情境中灵活应对，才能真正达到圆融的效果。而在灵活应对变化的过程中，变通的能力需要通过圆融的态度来指导。

在实际生活中，圆融与变通经常两面一体，结伴而出。例如前述的年长的画师的例子里，年长的画师的应对之中，圆融包含了变通，变通里包含了圆通。

老李是公司的老员工，从基层员工一步一步升到了部门副总的位子。两年前，部门老总跳槽，老李满心以为自己将会成为部门总经理，谁知道公司指派了一名老总。老李本来就因为这事儿很郁闷，而新来的老总又处处打压他，这让老李更加生气。

一开始，老李也不惯着新来的老总，你针对我，我就反击你，大不了辞职另谋出路。

在一次部门会议上，老李又跟老总杠上了。下班回家后，老李气呼呼地跟妻子抱怨。妻子说："人家都来了大半年了，你都没有辞职，可见你还是舍不得，对不?"

老李回答："当然，我在这家公司做了整整十年，肯定会有感情。"

"那么，"妻子对他说，"你不妨转变一下思路。"

"怎么转?"

"你努力地帮助老总把部门管理好，做出更大的业绩。这样，老总就会升职，或者被别的猎头公司挖走。等那个位子空下来，他一定会推荐你。"

老李豁然开朗。此后，老李一心扑在工作上，再也不跟老总唱反调。即使老总挑起战火，老李也认真地听着，并不会反击。就算他对某项指示有异议，也会采取谦恭委婉的态度去商量。久而久之，老总也不好意思打压老李了，反而重用老李，老李成了老总的左右手。

两年后，正当老李习惯了跟老总的合作时，突然有一天，老总找他谈话。老总对老李说，有家猎头公司找了他，他要跳槽了，问老李愿不愿意跟着去。老李说自己在公司工作十多年了，有感情，不想挪窝儿。老总点点头，表示理解，然后告诉他，他会推荐老李接任自己的位置。

果然，一个月后，公司下发文件宣布老总离职。同时，还有一份文件，宣布老李担任部门老总。

在面对职场的矛盾时，老李一开始采取的是针尖对麦芒的态度，导致双方都疲惫不堪。他后来采用圆融的态度之后，部门气氛好转了，自己也舒畅了。等一切都水到渠成，他想要的自然而然地得到了。

在家庭中，圆融变通的方式可以减少矛盾和冲突，营造和谐的家庭氛围。在个人成长的道路上，圆融变通的方式可以帮助我们扬长避短、顺势而为，更好地面对生活中的挫折和挑战，保持积极的心态持续提升自己。

凡事不必太较真

孟子认为，君子之所以异于常人，便是在于其能时时自我反省。即使受到他人的不合理的对待，也必定先躬省自身，自问是否做到仁的境界？是否欠缺礼？否则别人为何如此对待自己呢？等到自我反省的结果合乎仁也合乎礼了，而对方强横的态度却仍然未改，那么，君子又必须反问自己：我一定还有不够真诚的地方，再反省的结果是自己没有不够真诚的地方，而对方强横的态度依然故我，君子这时才感慨地说："他不过是个荒诞的人罢了。"

每个人都生活在社会中，人与人之间难免会产生矛盾。面对分歧，很多人倾向于争吵不休，非论个是非曲直不可。其实这种做法很不明智，吵架又伤和气又伤感情，实属不智。更明智的做法不如大事化小，小事化了。俗话说家和万事兴，推而广之，人和也万事兴。人际交往中切不可太认死理，装装糊涂于己于人都有利。

事实上，人们通常不会轻易忘记过去的经历，特别是那些印象深刻的事情，这很正常。谁都知道，怨恨往往会反噬，所以，为了避免不必要的怨恨或冲突，行事需小心谨慎。《老子》中据此提出了"报怨以德"的思想，孔子也曾提出类似的话来教育弟子，其含义均是教人处事时心胸要豁达，以君子般的坦然姿态应付一切。

《庄子》中对如何避免与别人发生冲突也做过阐述。有一次，有一个人去拜访老子，到了老子家中，看到室内凌乱不堪，心中感到很吃惊，于是，他大声咒骂了一通扬长而去。翌日，他又回来向老子道歉。老子淡然地说："你好像很在意智者的概念，其实对我来讲，这是毫无意义的。所以，如果昨天你说我是马的话我也会承认的。因为别人既然这么认为，一定有他的根据，假如我顶撞回去，他一定会回击得更厉害。这就是我从来不去反驳别人的缘故。"

从这则故事中可以得到如下启示：在现实生活中，当双方发生矛盾或冲突时，对于别人的批评，除了虚心接受之外，还应培养一种不为所动的态度。生活中矛盾难免，因此，一定要心胸豁达，有涵养，不要为了不值得的小事去得罪别人。而且生活中常有一些人喜欢论人短长，在背后说三道四，如果听到有人这样谈论自己，完全不必理睬。只要自己能自由自在按自己的方式生活，又何必在意别人说些什么呢？

做人应有原则，不应玩世不恭，但也不必过于苛求，拘泥于细节。"水至清则无鱼，人至察则无友"，过分认真会让我们对周围的一切产生不满，连朋友都容不下，把自己同社会隔绝开。正如放大镜下的世界，在高倍放大镜下，原本平坦的镜子变成凹凸不平的山峦；肉眼看着干净的东西，拿到显微镜下，满目都是细菌。试想，如果我们"戴"着放大镜、显微镜生活，恐怕连饭都不敢吃了。再用放大镜去看别人的毛病，恐怕许多人都会被看成罪不可恕、无可救药的了。

人非圣贤，孰能无过。与人相处就要互相谅解，经常以"难得糊涂"自勉，求大同存小异，能容人，你就会有许多朋友，且左右逢源，诸事遂愿；相反，过分挑剔，"明察秋毫"，眼里不揉半粒沙子，什么鸡毛蒜皮的小事都要论个是非曲直，容不得人，人家也会躲你远远的，最后，你只能关起门来当"孤家寡人"，成为使人避之唯恐不及的异己之徒。古今中外，凡是能成大事的人都具有一种优秀的品质，就是能容人所不能容，忍人所不能忍，善于求大同，存小异，团结大多数人。他们具有宽阔的胸怀，豁达而不拘小节；大处着眼而不会鼠目寸光；从不斤斤计较，纠缠于非原则的琐事，所以他们才能成大事、立大业，使自己成为不平凡的人。

但是，如果要求一个人真正做到不较真、能容人，也不是简单的事，首先需要有良好的修养、善解人意的思维方法，并且需要经常从对方的角度设身处地地考虑和处理问题，多一些体谅和理解，就会多一些宽容，多一些和谐，多一些友谊。比如，有些人一旦做了官，便容不得下属出半点毛病，动辄横眉立目，发怒斥责，属下畏之如虎，时间久了，必积怨成仇。

许多工作并不是你一人所能包揽的，何必因一点点毛病便与人怄气呢？可如若换位思考，站在受训人的立场，也许就会了解这种急躁情绪之弊端了。

有位同事总抱怨他们家附近便利店有个售货员态度不好，像谁欠了她巨款似的。后来同事的妻子打听到了女售货员的身世，她丈夫有外遇离了婚，老母亲瘫痪在床，上小学的女儿患哮喘病，一家人住在一间15平方米的平房。难怪她一天到晚愁眉不展。这位同事从此再不计较她的态度了，甚至还建议大家都帮她一把，为她做些力所能及的事。

在公共场所遇到不顺心的事，实在不值得生气。有时素不相识的人冒犯你，其中肯定是另有原因，不知哪些烦心事使他此时情绪恶劣，行为失控，正巧让你赶上了，只要不是恶语伤人、侮辱人格，我们就应宽以待人。总之，没有必要与这位原本与你无仇无怨的人瞪着眼睛较劲。假如较起真儿来，大发脾气，甚至以牙还牙，结果可能引发严重的后果，那实在是得不偿失。与萍水相逢的陌路人较真儿，绝非明智之举。假如对方缺乏教养，与其较真儿就等于让自己显得和对方一样没素质，这确实不值得。另外，从某种意义上说，对方的触犯是发泄和转嫁他心中的痛苦，虽说我们没有义务分摊他的痛苦，但确实可以通过你的宽容去帮助他，使你无形之中做了件善事。这样一想，也就会容忍他了。

人生有许多事不能太认真，太较劲。特别涉及人际关系，错综复杂，盘根错节。太认真，不是扯着胳膊，就是动了筋骨，越搞越复杂，越搅越乱乎。顺其自然，装一次糊涂，不丧失原则和人格；或为了公众为了长远，哪怕暂时忍一忍，受点委屈也值得，心中有数（树），就不是荒山。

内智外愚的处世方法

古人云:"鹰立如睡,虎行似病,正是其攫鸟噬人的法术。故君子聪明不露,才华不逞,才有任重道远的力量。"这大概可以形象地诠释"大智若愚,大巧若拙"这句话的具体含义。一般说来,人性都是喜直厚而恶机巧的,而胸有大志的人,要达到自己的目的,没有机巧权变,又绝对不行,尤其是当他所处的环境并不如意时,所以就有了鹰立虎行如睡似病的外愚内智处世方法。

明朝时,况钟最初以小吏的低微身份追随尚书吕震左右。况钟虽是小吏,但头脑精明,办事忠诚。吕震十分欣赏他的才能,推荐他当主管,升郎中,最后出任苏州知府。

初到苏州,况钟假装对政务一窍不通,凡事问这问那。府里的小吏们怀抱公文,个个围着况钟转悠,请他批示。况钟佯装不知,瞻前顾后地询问小吏,小吏说可行就批准,不行就不批准,一切听从下属的安排。这样一来,许多官吏乐得手舞足蹈,个个眉开眼笑,说况钟是个大笨蛋。

过了三天，况钟召集全府上下官员，一改往日温柔愚笨之态，大声责骂道："你们这些人中，有许多奸佞之徒，某某事可行，他却阻止我去办；某某事不可行，他则怂恿我，以为我是个糊涂虫，耍弄我，实在太可恶了！"况钟下令，将其中的几个小吏捆绑起来一顿狠揍，鞭挞后扔到街上。

此举使余下的几个下属胆战心惊，原来知府大人心里明亮着呢！个个一改拖拉、懒散之风，积极地工作，从此苏州得到大治，百姓安居乐业。

况钟用外愚蒙蔽了对手，待到时机成熟，内智喷薄而出，好似伪装成不会武功的普通人，探明了对手的虚实后拔剑而出，一刀制敌，干净利落。

唐朝第十七位皇帝李忱是唐宪宗的十三子，他自幼笨拙木讷，随着年龄的增长，他变得更为沉默寡言。无论是多大的好事还是坏事，李忱都无动于衷。平时游走宴集，也是一副面无表情的模样。这样的人，委实与龙椅相距甚远。当然，与龙椅相距甚远的李忱，自然也在权力倾轧的刀光剑影中得以保存自己。

命运在李忱36岁那年出现了转折。会昌六年（846年），唐朝第十六位皇帝唐武宗食方士仙丹而暴毙。国不可一日无君，在选继任皇帝的问题上，得势的宦官们首先想到的是找一个能力弱的皇帝——这样，才有利于宦官们继续独揽朝政。于是，身为三朝皇叔的李忱，就在这一背景下被迎回长安，黄袍加身。但李忱登基的那一天，令大明宫里所有人都惊呆了。在他们面前的，哪是笨拙木讷，简直就是一个聪明睿智的人。不怀好意的宦官们都被皇帝的不凡气度震惊，后悔选了李忱作为皇帝。

唐宣宗李忱登基时，唐朝国势已很不景气，藩镇割据，牛李党争，农民起义，朝政腐败，官吏贪污，宦官专权。唐宣宗致力于改变这种状况，他先贬谪李德裕，结束牛李党争。宣宗勤俭治国，体贴百姓，减少赋税，注重人才选拔，唐朝国势有所起色，阶级矛盾有所缓和，百姓日渐富裕，使暮气沉沉的晚唐呈现出"中兴"的局面。宣宗是唐朝历代皇帝中一个比较有作为的皇帝，被后人称之为"小太宗"。另外，唐宣宗还趁吐蕃、回纥衰微，派兵收复了河湟之地，平定了吐蕃，在名义上打通了丝绸之路。无奈大中年间唐朝已积重难返，国力衰退，社会经济千疮百孔，只依靠统治阶级枝枝节节的改革已无法改变唐帝国衰败之势。大中十三年（859年）冬，浙东农民裘甫带领五百农民起义。起义军后发展至五十万人，为唐末大规模农民起义打下了基础。大中十三年，唐宣宗去世，享年50岁，谥号圣武献文孝皇帝。

李忱自信沉着地"演了36年戏"，将愚不可及的形象深入人心，在保全自己的同时，用内智成就了一番伟业。李忱与况钟的故事充分展现了"内智外愚"的处世智慧。这个智慧的核心在于将真实才智隐藏在貌似愚钝的表象之下，使对手低估，从而轻易掌握局势的主动权。况钟假装无能，巧妙地摸清下属的态度与真面目，在适当时机显露本领，反败为胜；李忱长年保持沉默木讷的形象，成功避开了宦官的猜忌，为日后大展宏图奠定了基础。

当今社会的竞争非常激烈，许多人争相表现自己，但过度的锋芒毕露往往引来他人的防范与猜忌。而通过恰到好处的低调，隐藏真正实力，可以让对手疏忽大意，赢得宝贵的时机。表面上看，保持适度的愚钝不仅能够降低竞争的火药味，也有助于塑造和谐的人际关系，避免不必要的冲突。

然而，需注意的是，"内智外愚"并非真愚真钝，而是对环境的精确把控和对时机的敏锐捕捉。若一味装愚而缺乏洞察力，无异于自掩聪明之才，反受其害。因此，做到"内智外愚"首先需要具备扎实的内在智慧，只有在真正拥有判断局势的才能和应对复杂局面的勇气时，才能够将这种策略有效发挥出来。况钟的果断行动与李忱的迅速掌权，都表明了他们背后蕴藏的智慧与胆识，这才是内智外愚的真谛。

在此基础上，内智外愚也需要时间的磨砺。李忱默默无闻三十余年，况钟则在吕震手下学会了察言观色和时机把握。这种处世方式如同练功，需要心智的积累与沉淀，只有经历时间的考验，才能做到无懈可击。因此，内智外愚并不是一朝一夕的技巧，而是一种贯穿一生的智慧。

第二章

随方就圆　顺其自然

荣辱面前泰然处之

如何看待荣辱？什么样的人生观自然会有什么样的荣辱观，荣辱观是人生观的重要体现。

在荣辱问题上，能做到"宠辱不惊、去留无意"，这才叫潇洒自如、顺其自然。一个人凭自己的努力实干，靠自己的聪明才智获得荣誉、奖赏、爱戴、夸耀时，仍然应该保持清醒的头脑，切莫受宠若惊，飘飘然，自觉豪光万道，所谓"给点亮光就觉得灿烂"。

宠辱不惊，当如阮籍所云"布衣可终身，宠禄岂可赖"。一切都不过是过眼烟云，荣誉已成为过去，不值得夸耀，更不足以留恋。有一种人，也肯于辛勤耕耘，但经不住玫瑰花的诱惑，有了点荣誉、地位就沾沾自喜，甚至以此为资本，不断索取，难以自持。

人生无坦途，在漫长的道路上，谁都难免要遇上厄运和不幸。人类科学史上的巨人爱因斯坦，在报考瑞士联邦工艺学校时，竟因三科不及格落榜被人耻笑。小泽征尔这位被誉为"东方卡拉扬"的日本著名指挥家，在初出茅庐的一次指挥演出中，曾被中途"轰"下场来，紧接着又被解聘。为什么厄运没有摧垮他们？因为在他们眼里始终把荣辱看作是人生的轨迹，是人生的一种磨炼，假如他们对当时的厄运和耻笑不能泰然处之，也许就没有日后绚丽多彩的人生。

19世纪中叶美国有个叫菲尔德的实业家，他率领工程人员，用海底电缆把欧美两个大陆连接起来。这一壮举让他成为当时美国的英雄，被誉为"两个世界的统一者"。然而，在举行盛大的接通典礼上，电缆传送信号突然中断，人们的欢呼声立刻变为愤怒的狂涛，都骂他是"骗子"。可是菲尔德对于这些指责只是淡淡地一笑，不做解释，只管埋头苦干，经过多年的努力，最终通过海底电缆架起了欧美大陆之桥，在庆典会上，他选择低调地站在人群中，远观这一成就，没有登上贵宾席接受荣耀。

菲尔德是一个理性的战胜者，当他遇到常人难以忍受的厄运时，通过自我心理调节，做出正确的抉择，展现出非凡的意志力和自控力，这正是理性自我完善的典范。

世上有许多事情的确是难以预料的，成功伴着失败，失败伴着成功，人的一生本来就是失败与成功的统一体。人的一生，有如簇簇繁花，既有火红耀眼之时，也有暗淡萧条之日，面对成功或荣誉，要像菲尔德那样，保持谦逊与淡泊；面对挫折或失败，要像爱因斯坦、小泽征尔那样，不要悲忧，也不要自暴自弃。这样就不会像《儒林外史》里的范进，他在成功面前失控，最终因狂喜而疯癫。范进一心想中举出名，可是几次考试都名落孙山，他饱受各种冷眼，他发奋学习，后来终于中了举人，然而由于狂喜过度，一口痰上不来，倒地而昏，变成了疯子。

人既要能经受住成功的喜悦，也要有战胜失败的勇气，成功了要时时记住，世上的任何成功和荣誉，都依赖周围的其他因素，绝非你一个人的功劳。失败了不要一蹶不振，只要奋斗了，拼搏了，就可以问心无愧地对自己说："天空没有留下我的痕迹，但我已飞过。"这样就会赢得一个广阔的心灵空间，得而不喜，失而不忧，才能在人生的旅途中把握自我，超越自己。

量力而为，不必勉强自己

在中国古典演义小说中，但凡形容武将性格暴烈，都会用到"急先锋"一词。所谓急先锋，首先说明此人孔武有力，其次，也暗示了这个人容易逞一时之勇。

一些热衷于逞能的人，即使是碰上没有把握的事情，也容易因为过高地估计自己的能力或顾忌面子而霸王硬上弓。其结果，十有八九会把事情搞砸。

三国时期，群雄四起。在乱世之下，大家都想当皇帝。又都不敢带头。在这种情况下，第一个出头的人是袁术。

当然，袁术在当时确实拥有称雄的资本，从精良的军事装备、丰富的人力资源，到广阔的地盘，这些都让他有理由自负。因此，袁术以为只要自己抢先称帝，便占了上风，别人也就无可奈何。可是，在群雄割据、势力相当的情况下，谁挑这个头，谁就会成为众矢之的。在这方面，袁术的政治头脑比不上曹操。

当时，曹操是最有资本称帝的。但是，当孙权力劝他称帝时，他一眼就看穿孙权的鬼心眼，说"金发碧眼的小儿"是想把我放在火上烤。袁绍等人也深知此理，即便内心蠢蠢欲动，也选择了隐忍。可是，偏偏袁术自大自满，急于展示自己的才能，不顾一切地踏上了称帝之路。当时，在袁术刚起称帝念头时，就有不少人劝他不要去抢这顶荆棘编织的皇冠，戴上就知道会怎样扎头。可惜袁术将这些逆耳忠言全都当成了耳边风。

结果，袁术一宣布称帝，曹操、刘备、吕布、孙策四路人马立即举起声讨的大旗。其时正当六月，烈日炎炎，战败的袁术想喝一口蜜浆也不能如愿。袁术独自坐在床上，叹息良久，突然惨叫一声说：我袁术怎么会落到这么个地步啊！喊完，倒伏床下，口吐鲜血，最终离世。

一代威风凛凛的军阀诸侯落到了这步田地。这都是他在盲目自大的心理下，不懂得韬光养晦、非要急于彰显自我造成的。

一般来说，自大的人往往确有实力，因此难以抑制展现自我的冲动。在社会中，强者往往更容易滋生自大情绪，渴望展现自己的风采。可是，"心急吃不到热豆腐"，做任何事情都需要把握时机。能力可以展现，但切忌过度张扬，即"能力要露，但不逞强"。

俗话说："出头的椽子先烂。"过于暴露自己的才能和智慧，对自己极为不利。因此，要择机而动，避免因火候不当而自损。

历史上的杰出人物，英雄豪杰，虽然身怀绝技，却都深谙此道。他们为了赢得胜利，不会轻易地暴露和表现自己的才能。

在这方面，明朝的开国皇帝朱元璋堪称典范。

当朱元璋起兵攻下现在的南京后，采纳了谋士朱升的建议，打出了："高筑墙、广积粮、缓称王"的旗号。"高筑墙"是做好预防工作，不让别人来进攻自己；"广积粮"则是为长远打算，储备充足的军需物资；"缓称王"是做好舆论工作，不让自己成为他人攻击的目标。这一系列举措，实为朱元璋日后称帝奠定了坚实基础。等到万事俱备，天下安定，老百姓安居乐业，看到了他的能力，称王就是顺其自然的了。

因此，"高筑墙、广积粮、缓称王"可以说是朱元璋成就帝业之本。

那么，一个人是否就应该将能力深藏呢？其实，并不是这样。

能力的锋芒若永久深藏，与没有能力的庸人又有什么差别？因此，该露则露，该藏则藏，在适当的时候显露出自己的能力，让周围的人看到能力超卓的你，不仅可以赢得来自周围的信任与信服，还能为自己争取到更多发展的机会。同时，这样的展现也能帮助你保持谦逊，避免陷入盲目的自大之中。

该放手时要舍得放手

在印度热带丛林里，人们用一种奇特的狩猎方式捕捉猴子：在一个固定的小木盒子里面装上猴子爱吃的坚果，盒上开个小口，刚好够猴子的前爪伸进去。猴子总是喜欢满满地抓住一把坚果，这样爪子就抽不出来了。人们常常用这种方式捉到猴子，因为猴子有一种习性：不肯放下已经到手的东西。

生命如舟，载不动太多的物欲和虚荣。为了让这艘船顺利到达梦想的彼岸，不中途沉没，我们必须学会轻装上阵，只带上真正需要的东西，勇敢地放下那些可以舍弃的。假如你的脑袋像一个塞满食物的冰箱，你应当盘算什么东西应该被清理出去，否则，永远不可能有新鲜的东西放进来。不及时清理，有些东西还会变质；有些东西，丢了可惜，但放一辈子，也吃不了。所谓的"人生观"，这其实就是在说，我们的人生选择，就是如何为自己的"心冰箱"挑选合适的内容物。

生活中，每个人都应该学会权衡利弊，学会适时放手。盘算之际，有挣扎有犹豫。没有人能够为你决定什么该舍，什么该留。所谓的豁达，也不过是自己能正确地处理去留和取舍的问题。当你舍弃了那些对你影响不大的东西，你会发现自己可以更加自由地前行，相信未来会有更好的等待着你。

在工作与生活中，我们每个人时刻都在取与舍中选择，我们又总是渴望着取，渴望着占有，常常忽略了舍，忽略了占有的反面：放弃。

其实，懂得了放弃的真意，也就理解了"失之东隅，收之桑榆"的妙谛。多一点糊涂的思想，静观万物，体会像宇宙一样博大的胸襟，我们自然会懂得适时地有所放弃，这正是我们获得内心平衡，获得快乐的秘方。

其实有时会得到什么、失去什么，我们心里都很清楚，只是觉得每样东西都有它的好处，权衡利弊，哪样都舍不得放手。现实生活中并没有在同一情形下势均力敌的东西。它们总会有差别，因此，你应该选择那个对长远利益更重要的东西。有时候，你以为放手就意味着永远失去，但事实往往证明，那些真正重要的东西，即使暂时离开，也会以另一种形式回到你身边。

有时候，放手才是最大的智慧。放弃无谓的坚持，并不是逃避困难。很多人在失败后，没有坚持下去，选择转向其他领域，这并不意味着他们缺乏毅力。天生我材必有用，东方不亮西方亮。失败并不可怕，可怕的是错误的坚持。不做无谓的坚持，只是为了寻找更适合自己的道路，并不是缺乏毅力，逃避现实。

理想可以选择，可以改变，方向也可以选择，但是对于遭遇却无法选择，因为无法预料。在人生遭遇黑暗的时候，不妨学会转弯，适当地放弃，相信人生必定会有另一番风景。

　　路在脚下，更在心中。不做无谓的坚持，适时放手，也是一种圆融与变通。

远离旋涡的人最先上岸

中国古代伟大的思想家老子说："夫唯不争，故无尤。"这句话的意思是，正因为不与人相争，所以天下没人能与他相争。

可惜的是，真正能醒悟并践行这句话的人很少。在名利权位面前，人们往往被欲望蒙蔽双眼，彼此间如同斗鸡般激烈争斗，仿佛非要把对方置于死地不可。可到头来，这些争得你死我活的精明人，大都落得个遍体鳞伤、两手空空，有的甚至身败名裂。

西汉末年，冯异全力辅佐刘秀打天下。一次，刘秀被河北五郎围困时，不少人背离他去，但冯异却更加坚定地守护在刘秀身旁，宁肯自己饿肚子，也要把找来的豆粥、麦饭进献给饥困之中的刘秀。河北之乱平定后，刘秀对部下论功行赏，众将纷纷邀功请赏，冯异却独自坐在大树底下，只字不提饥中进贡食物之事，也不报请杀敌之功。人们见他谦逊礼让，就给他起了个"大树将军"的绰号。尔后，冯异又屡立赫赫战功，但凡以功论赏，他都退居廷外，不让刘秀为难。

公元26年，冯异大败赤眉军，歼敌8万人，使对方主力丧失殆尽，刘秀驰传玺书，要论功行赏，"以答大勋"，冯异没有因此居功自傲，反而马不停蹄地进军关中，讨平陈仓、箕谷等地乱事。嫉妒他的人诬告他，刘秀不为所惑，反而将他提升为征西大将军，领北地太守，封阳夏侯，并在冯异班师回朝时，当着公卿大臣的面，赐他以珠宝钱财，又讲述当年豆粥、麦饭之恩。令那些为与冯异争功而进谗言者，羞愧得无地自容。

对此，最明智的做法是及时抽身，远离这些纷争与诱惑。

——因为，在横渡江河时，只有远离漩涡的人，才会最先登上彼岸。

多嘲笑你自己

自嘲简而言之，就是自我调侃，以轻松幽默的方式拿自己开玩笑，让周围的人感到愉悦。

美国一位身材肥胖的女士曾经这样自我解嘲："有一次我穿上白色的泳装在大海里游泳，结果引来了俄罗斯的轰炸机，以为发现了美国的军舰。"这番话逗得听众捧腹大笑，瞬间，她的体重不再是负担，反而成了她个性魅力的一部分，让她在社交场合中游刃有余，备受喜爱。

自嘲是一个人心境平和的表现。它能制造宽松和谐的交谈气氛，能使自己活得轻松洒脱，使人感到你的可爱和人情味，从而改变对你的固有看法。

人的一生，不会经常一帆风顺，事事顺意，面对各种缺陷和不快，自卑和唉声叹气固然无补于事，一味遮掩辩解又会适得其反，最佳的选择恐怕就是幽默自嘲了。

君子处世要大气。所谓大气，是豁达，是舍得。他们不会过分纠结于自己的缺点或他人的非议，而是能够坦然面对，甚至以幽默的方式自我调侃，这种态度让人敬佩，也让人愿意接近。

威廉对公司董事长颇为反感，他在一次公司职员聚会上，突然问董事长："先生，你刚才那么得意，是不是因为当了公司董事长？"

这位董事长立刻回答说："是的，我得意是因为我当了董事长，这样就可以实现从前的梦想，和董事长夫人同床共枕。"

董事长的巧妙应对使自己获得了一片笑声，连发难的人也忍不住笑了。

自嘲不伤害任何人，因而最为安全。你可用它来活跃气氛，消除紧张；在尴尬中自找台阶，保住面子；在公共场合表现得更有人情味。总之，在社交场合中，自嘲是化解尴尬的巧妙方式，当其他方法显得力不从心时，不妨试着拿自己开开玩笑。毕竟，自我调侃的风险相对较低，除非你是别有用心地借题发挥，否则通常不会惹人反感。智慧之人的共识便是：无论你想要以何种方式逗乐他人，首先从自己开始，展现那份自嘲的幽默感。

第三章

外圆内方　以变应变

外圆内方之道

　　中国人传统的处世之道，就凝聚在一枚小小的古铜钱中——外面圆圆的，中间却是棱角分明的方孔。其喻示着"外圆内方"的做人道理：外圆可减少阻力，便于流通提携；内方可一线贯通，秩序井然。

　　"方"，方方正正，有棱有角，指一个人做人做事有自己的主张和原则，不被外人左右；"圆"，圆滑世故，融通老成，指一个人做人做事讲究技巧，既不超人前也不落人后，或者该前则前，该后则后，能够认清时务，使自己进退自如、游刃有余。

　　一个人如果过分方方正正、有棱有角，必将碰得头破血流；但是一个人如果八面玲珑、圆滑透顶，总是想让别人吃亏，自己占便宜，也必将众叛亲离。因此，做人必须方中有圆，圆中有方，外圆内方。"方"是做人之本，是堂堂正正做人的脊梁。人仅仅依靠"方"是不够的，还需要有"圆"的包裹，无论是在商界、仕途，还是交友、情爱、谋职等方面，都需要掌握"方圆"的技巧，这样才能无往不利。

著名教育家黄炎培十分赞赏"外圆内方"的做人原则。他在给儿子写的座右铭中就有这样的话："和若春风，肃若秋霜，取象于钱，外圆内方。"黄老先生的话，实际上是对"外圆内方"的一个很好的解释。在他看来，"圆"就是要"和若春风"，对朋友、同事、左邻右舍要敬重、诚实、平易近人，和气共事；"方"就是要"肃若秋霜"，做事要认真，坚持原则。"取象于钱"则是以古代铜钱为形象比喻，启发人们要把"外圆"与"内方"有机统一。真可谓言简意赅，发人深省。

同样，动为方，静为圆；刚为方，柔为圆。以不变应万变是方，以万变应不变是圆。凡事都在圆中预、方中立，这是古人谋事的原则。世间事物都在这方圆之中，而方圆也是历史和哲学的辩证。

大学者纪晓岚身处清朝由盛而衰，由治而乱的过渡时期，以天纵之聪明，在复杂多变的官场中，随机应变，方圆相济，上得天道，下媚黎民，生前显赫，死后流芳。他传奇般的成功就在于他巧妙地将方和圆有机地结合起来，达成了天理与人欲、品德与才华、生活与事业、为学为官等一系列看似对立的事物之间的高度统一。从方圆的角度来看待纪晓岚的为人处世之道，可以发现：就人际交往而言，纪晓岚认为，一个人与最要好的朋友之间，也有对立面；与最仇恨的敌人之间，也有依赖面。在处理人际关系时，关键在于敏锐地判断双方是依赖多于对立还是反之，从而巧妙地把握方与圆的转化。

真正的"方圆"之人是大智慧与大容忍的结合体，有勇猛斗士的威力，有沉静蕴慧的平和。真正的"方圆"之人能对大喜悦与大悲哀泰然不惊。真正的"方圆"之人，行动时干练、迅速，不为感情所左右；退避时，能审时度势、全身而退，而且能抓住最佳机会东山再起。

成功隐藏在转弯处

人生的道路是曲折的，前途是光明的。在遇到困难与挫折时，请记住：学会变通。

变通，就是一种能够转弯，能够突破的智慧。这种智慧是基于对人、对事、对物进行的多角度思考，从而灵活找出最佳赢得人生的方式。在生活中，我们经常会惊喜地发现：许多困难通过变换几个角度进行思考，就能够迎刃而解了。在这个世界上，没有办不成的事，只有不会变通的人，成功就隐藏在转弯处。

变通是才能中的才能，是智慧中的智慧。当一条路走不通时，学会转变方向，给生活一个优雅的转弯。人生无须过于固执，若前方道路受阻，不妨探索路旁的小道。保持自己的独特思考，自然能开辟出更广阔的天地。

孙膑是我国古代著名的军事家，他的《孙膑兵法》到处蕴含着变通的哲学。孙膑本人也是一个善于变通的人。

孙膑初到魏国时，魏王要考查一下他的本事，以确定他是否真的有才华。

一次，魏王召集众臣，当面考查孙膑的智谋。

魏王坐在宝座上，对孙膑说："你有什么办法能让我从座位上下来吗？"

庞涓出谋说："可在大王座位下生起火来。"

魏王说："不行。"

孙膑说："大王坐在上面嘛，我是没有办法让大王下来的。不过，大王如果是在下面，我却有办法让大王坐上去。"

魏王听了，得意扬扬地说，"那好，"说着就从座位上走了下来，"我倒要看看你有什么办法让我坐上去。"

周围的大臣一时没有反应过来，也都嘲笑孙膑不自量力，等着看他出洋相呢。这时候，孙膑却哈哈大笑起来，说："我虽然无法让大王坐上去，却已经让大王从座位上下来了。"

这时，大家才恍然大悟，对孙膑的才华连连称赞。

魏王也对孙膑刮目相看，孙膑很快就得到了魏王的重用。

在处理问题时，我们总是习惯性地按照常规思维去思考，如果我们能像孙膑那样，学会灵活变通，那么你会发现"柳暗花明又一村"。

成功的道路不止一条，不要循规蹈矩，更不能放弃成功的信心，此路不通，另辟蹊径。顺势而为、灵活机变的人不仅能够找到成功的突破口，而且还可以因为拥有不断变通的思想而不断探寻新的思路，将自己提升到另一个高度，获得一个又一个可能的成功。

在19世纪中叶，美国加利福尼亚州涌来了大量的淘金者，淘金的人越来越多，金子就越来越难淘。当地的气候炎热干燥，水源极缺，不少人因为缺水而被渴死。一位农夫亚默尔灵机一动，断然放弃淘金的念头，改为卖水。他的这一行动引起了不少人的不解与讪笑。然而，当许多的淘金者空手而归时，亚默尔已成为一个小富翁了。

亚默尔正是学会了变通，不执着于很多人已尝试过的失败的事物上，而是在同一种情况下转换思维寻求商机。他以改变自己为途径通向成功，这一点，往往是会被许多人忽视的。所以，学会变通，会使我们走向成功。

随机应变，灵活变通是一种智慧，这种智慧让人受益。面对任何事情，只要我们能以积极的心态尝试从不同角度去思考，总能找到解决之道，学会多角度灵活看问题，生活会因此而更加美好！

换个角度看问题

　　任何一个取得成功的人，都能够从不同的角度去想问题，过去的思维不会成为桎梏，他们反而能够突破常规的思维，取得创新硕果。当思维遇到瓶颈时，不妨换个角度看问题，或许就会柳暗花明，豁然开朗了。

　　任何事情都有正反两方面，所有的事情，都没有一把统一的标尺来衡量它的是与否，一件事从不同角度去看，就会看到不同的风景，会有不同的感受。只要我们做事情的时候，用积极的心态去对待，多一些宽容，多一些换位思考，就算再无法逾越的鸿沟，也不能阻挡我们前进的步伐，再棘手的难题，只要换个角度去看待，也许就会有截然不同的效果，就会看到乌云背后的蓝天。

　　一个船夫摇着小船在大海中行驶，浪花不断地向小船涌来，小船随着波浪微微地荡漾。一只海鸥落在船夫的肩头，对他说：你多幸福啊，大海摇荡着你，就像荡秋千似的。船夫听了，摇摇头笑着说：不对，是我在摇荡着大海！你看，大海的波涛都被我摇起来了。

　　所谓的大与小、强与弱、喜与悲等，很多时候都是依照人们的感官和习惯认定的。若换个角度看问题，人生的风景可能大不相同。

　　要做到换个角度审视问题或灾难，确实需要非凡的睿智与勇气。以著名发明家托马斯·爱迪生为例，在他67岁时，他的实验室在一场大火中化为灰烬，损失超过200万美金。爱迪生的儿子在大火中找到了父亲，父亲平静地看着火势，说道："灾难自有它的价值。我们以前所有的谬误、过失都被烧了个干净，我们又可以从头再来了。"眼看着自己几乎耗费一生的心血付诸东流，面对这样的灾难，换了其他人都会感到命运的无情甚至绝望，而爱迪生有勇气可以昂然面对灾难，他更有那种睿智，可以换一个角度来看待，他从灾难中看到了其存在的价值，看到了"从头再来"，看到了新的希望。

　　生活中，无论我们做什么事情，都不要一条道走到黑，钻牛角尖，换一个角度看问题，你会有不同的发现。

　　一个不规则的多面体，从每一个面看，都有不同的形态。同样，一个事物从不同的角度看，也会得出不同的结论。哲学上讲的看事物要一分为二，说的就是这个道理。但有时你只看到了其中的一面，便下了结论，这往往会一错再错。因此，换个角度看问题，你会有别样收获。

"塞翁失马，焉知非福"，这是个蕴含着深刻哲理的古代故事。故事中的老者并非有什么特别的能力，只是能够正确地分析事物的现象和发展过程，既看到了失马这个坏的一面，又看到了得马这好的一面，最终得出了正确的结论。如果他与周围人一样，只从失马这个角度一味地悲伤懊悔，只会平添痛苦；得马后又一味地欢喜，就更显得愚昧了。

　　一般事物有多个角度，而面对一个复杂的人物时，我们更应当从多角度进行考量。从历史角度讲，评价一个人物需要多方面综合他的特点。换个角度评价这个人，你会从中挖掘出他的内心深处更本质的东西，帮助你更全面地认识这个人。

　　换个角度看问题，让你看清了问题的本质，让你全面地认识问题，使你在角度变换中不断收获，不断进步。

此路不通就换一条

俗话说：条条大路通罗马。取得成功的方式有很多种，关键在于我们能否灵活应变。如果这条路走不通了，我们可以再换一条，没有必要一条道走到黑。当然，换一条路并不是背离原来的目标，而是在坚持最终的目标不变，在总体方向不改的前提下做出适当的调整。这样做不仅有利于自己的生存和发展，还能挖掘出内在的优势，灵活地把握自己。

张文举从小就有一个理想——当作家。为了实现自己的梦想，他付出了艰辛的努力。他坚持每天写500字，一篇文章写完之后，他要修改很多遍，然后再满怀希望地寄到报社。但是，就算他这样努力，他的文字也没有一次变成铅字，甚至连一次退稿信也没有收到过。

在他29岁那年，他总算收到了一封退稿信。那是一位他多年来一直坚持投稿的某出版社的总编寄来的。总编写道：……看得出来，你是一个很努力的人，但是我不得不遗憾地告诉你，你的稿子质量达不到出版要求。但是我从你多年的来稿中发现，你的钢笔字倒是越来越出色了，我建议你不妨从这个方面去发展一下。

后来，张文举便朝着硬笔书法的方向去努力，最终成为知名的硬笔书法家。成功以后，他曾说：一个人能够成功，理想很重要，勇气很重要，毅力很重要。但是最重要的，是人生路上要懂得变通，要懂得转弯。

瓦特改进、发明的蒸汽机对近代科学和生产做出了巨大的贡献，带领了第一次工业技术革命的兴起，极大地推进了社会生产力的发展，是公认的蒸汽机发明家。他在对蒸汽机创造性的改进过程中，就充满了对传统理论和惯性思维的不断挑战，表现出超人的创新精神和实践勇气。

瓦特小的时候，家境贫穷，加上他从小体弱多病，所以几乎没有接受过完整的正规教育。然而他在父母的教导之下，一直坚持自学，15岁的时候就学完了《物理学原理》等书籍。

瓦特17岁的时候，到了伦敦和格拉斯哥的工厂当学徒工。他勤奋好学，很快就学会了制造那些高难度的仪器的技术，练就了一手精湛的手艺。

30岁那年，在教授台克的介绍下，瓦特进入格拉斯哥大学当了修理教学仪器的工人。这所学校拥有当时比较完善的仪器，也就促使瓦特在修理仪器时接触到了当时最先进的技术。

也就是在这时，他对以蒸汽作动力的机械产生了浓厚的兴趣。

一次，学校请瓦特修理一台纽可门式蒸汽机。在修理的过程中，瓦特看到了蒸汽机的构造和原理，并且发现了这种蒸汽机的两大缺点——活塞动作不连续而且慢；蒸汽利用率低，浪费燃料。

发现这两个缺点之后，瓦特就开始思考改进的办法了。刚刚开始的时候，他一直着力于如何在纽可门蒸汽机原有的设计思想上进行改进，一年多时间过去了，但是却一直没有实质性的进展。有一次，在瓦特散步的时候，他突然想明白了一个问题——纽可门蒸汽机的热效率是蒸汽在缸内冷凝造成的，那么如果让蒸汽在缸外冷凝是否就可以解决热效率低的问题呢？这时，瓦特产生了采用分离冷凝器的最初设想。

产生这种设想后，瓦特在同年设计了一种带有分离冷凝器的蒸汽机。按照设计，冷凝器与汽缸之间有一个相连的调节阀门，使他们既能连通又能分开。这样既能把做功后的蒸汽引入汽缸外的冷凝器，又可以使汽缸内产生同样的真空，避免了汽缸在一冷一热过程中热量的消耗。根据瓦特的理论计算，这种新的蒸汽机的热效率将是纽可门蒸汽机的三倍。

从1766年开始，在3年多的时间里，瓦特克服了在材料和工艺等多方面的困难，终于在1769年制造出第一台样机。同年，瓦特也因发明冷凝器而获得他在革新纽可门蒸汽机的过程中的第一项专利。

自1769年试制出带有分离冷凝器的蒸汽机样机之后，瓦特就已看出热效率低已不是他的蒸汽机的主要弊病，而活塞只能做往返的直线运动才是它的根本局限。如何改变活塞的直线运动方式，同时也要使活塞能够正常做功呢？瓦特想改变这一原始方式，却一直未能成功。

　　直到1781年，瓦特在参加圆月学社的活动时，会员们提到天文学家赫舍尔在当年发现的天王星，以及由此引出的行星绕日的圆周运动启发了他。他想到了把活塞往返的直线运动变为旋转的圆周运动，这样就可以使动力传给任何一台工作机。同年，他研制出了一套被称为"太阳和行星"的齿轮连动装置，终于把活塞的往返直线运动转变为齿轮的旋转运动。为了使轮轴的旋轴增加惯性，以使圆周运动更加均匀，瓦特还在轮轴上加装了一个火飞轮。由于对传统机器的这一重大革新，瓦特发明的这种蒸汽机终于真正成了能带动一切的动力机。

　　1781年底，瓦特以发明带有齿轮和拉杆的机械连动装置获得第二个专利。由于这种蒸汽机加上了轮轴和飞轮，当这个蒸汽机在把活塞的往返直线运动转变为轮轴的旋转运动时，多消耗了不少能量。这样，蒸汽机的效率不是很高，动力也不是很大。为了进一步提高蒸汽机的效率，瓦特在发明齿轮连动装置之后，对汽缸本身进行了研究，他发现，虽然把纽可门蒸汽机的内部冷凝变成了外部冷凝，使蒸汽机的热效率有了显著提高，但他的蒸汽机中蒸汽推动活塞的冲程工艺与纽可门蒸汽机没有不同。两者的蒸汽都是单向运动，从一端进入从另一端出来。他想，如果让蒸汽能够从两端进入和排出，就可以让蒸汽既能推动活塞向上运动，又能推动活塞向下运动。那么，蒸汽机的效率就可以再提高一倍。1782年，瓦特根据这一设想，试制出了一种带有双向装置的新汽缸。

由此瓦特获得了他的第三项专利。把原来的单向汽缸装置改装成双向汽缸，并首次把引入汽缸的蒸汽由低压蒸汽变为高压蒸汽，这是瓦特在改进纽可门蒸汽机的过程中的第三次飞跃。通过这三次技术飞跃，纽可门蒸汽机完全演变为瓦特蒸汽机。

瓦特经过二十几年的艰苦努力，终于研制成功了瓦特蒸汽机。这中间虽然多次受挫，而且屡遭失败，但是瓦特仍然坚持不懈，不断地对前人和自己的方法进行否定和自我否定，不断地改进，一条路走不通的时候，再换另外一条，不断地进行尝试，终于完成了对纽可门蒸汽机的三次革新，使蒸汽机得到了更加广泛的应用。

在人生陷入低谷的时候，或是面临选择的时候，要谨慎地运用智慧，做出正确的判断，选择正确的方向，做出适时的调整。生活中，很多时候，我们都不必做无谓的坚持，要冷静客观地看待事物，做出适时的变通。只有这样，才能走向通往成功的坦途。

只要我们心怀希望，那么成功总有一天会属于我们。明智的人会立足于现实，努力让自己适应这个社会，在坚持最终目标不变的前提下，做出适时的调整，选择最适合自己生存和发展的方向，以更好地发掘自己的潜能，从而踏上成功之路，实现人生的各种可能。

另辟蹊径的智慧

弗洛伊德曾经说过：从众是人类的本性。人的言行、是非观念常常会受身边的人和多数人的影响。如果要想获得成功，就必须独树一帜，有勇气、有智慧跳出前人的模式，走出一条新的道路。

有人在美国的西北地区发现了金矿，于是兴起了一股淘金热。很多人千里迢迢来到这里淘金，期望一夜暴富。到了这里之后，却发现传说中埋藏金矿的地方实在是太荒凉了。四周荒无人烟，加上此地气候炎热，连一口可以喝的水都找不到。很多人因为受不了这里艰苦的条件，待不了几天就打道回府了。勉强留下来的人，身体也极度虚弱，成天无精打采，垂头丧气。

然而，就算环境如此艰苦，仍然挡不住一批又一批做着发财梦的人们汹涌而至。农夫亚默尔也想去那个地方看看，说不定哪天就挖出金矿，一夜暴富了。但是他家里很穷，全部的积蓄拿出来也凑不够他抵达那里的路费。于是，他只好怀着羡慕的心情看着同村的人兴高采烈地出发去挖金矿。

没过多久，那些坚持不下去的人们就陆续回家了。亚默尔觉得很奇怪，于是就跑去向他们打听情况。那些去挖金矿回来的人都说："还好你没有去，那根本就不是人待的地方，连喝的水都没有。要是再待下去，恐怕还没挖到金矿，我们就一命呜呼了。"听了村里人的话，亚默尔突然眼前一亮，立刻想到了一个赚钱的好方法。于是他变卖了房产，凑齐了路费，就向西北地区出发了。

到了目的地之后，亚默尔并没有和其他人一样开始找金矿，而是四处奔走寻找水源。找到了水源以后，就地打井，引水入池，过滤澄清，然后分袋出售。很快，他就发现，这种水供不应求。他又开始用赚来的钱，进行了扩大再生产，在金矿的附近建起一个纯净水厂和一个出售食品、日用品的商店。当其他人还在辛苦地寻找金矿的时候，亚默尔已经成了腰缠万贯的大富翁了。

很多时候，我们埋怨通向成功的道路太拥挤，却从来没有想过换一种方式思考问题，换一个方向努力。要想成就一番事业，就不要盲目地随大流，而是要有自己的主见，根据自己的实际情况，选择正确的目标，脚踏实地地努力奋斗，不管起点有多低，你都有可能站在成功的巅峰傲视群雄。

条条大路通罗马，成功的路也不止一条。如果你想要取得成功，有所成就，那么你就要学做一个武林高手，"眼观六路，耳听八方"，另辟蹊径，成功或许就藏在转弯处。

不为思维惯性所束

思维枷锁其实是一种思维模式，它的最大特点是形式化的结构和强大的惯性。当遇到新情境或挑战，需要创新思维时，它总限制我们的思路，它就是一只思维创新的"拦路虎"。

小李大学毕业后，到了一家公司从事产品推销工作，虽然推销和他所学的专业不对口，但他对推销工作热情很高，总是用心去完成任务。到了年底，小李超额完成了任务，被公司评为"先进个人"。公司领导为了鼓励先进，破格将小李从推销员提升为科长。几位同学怎么也想不明白，大家一块儿进了这家公司，在同一条起跑线上，又从事同一种推销工作，为什么小李会有如此骄人的成绩呢？其中有什么秘诀呢？

后来人们才发现，原来小李推销产品和别人的思维方式不一样，在别人看来小李的方法既愚笨又可笑，可小李不那么认为，他想，循规蹈矩的方法人们习以为常，收效甚微。他要用自己愚笨的方法去打动别人，事实证明小李的做法是对的，最后很多商家和小李成了长期的合作伙伴。

那么小李到底是怎么做的呢？刚开始小李和大家的做法一样，整天拿一张价目表到处寻找商家，几乎都被好言谢绝了。他不甘心失败，在心里一直苦苦地思索一个问题，怎样才能打动商家，让他们接纳自己呢？后来，一个想法在他的脑海里出现了，他借了一辆人力三轮车，将自己所推销的产品装在车上，每到一个商家，不管三七二十一，他将自己的产品往里搬。商家感到莫名其妙：没有人订货呀！是不是送错地方了？可小李振振有词：没错啊，就是送给你们的。有时候商家想拒绝他，又不忍心看到他搬东西满头大汗的样子，所以或多或少地买了一点他的产品。时间长了，越来越多的商家开始认可小李本人以及他所提供的产品，自然而然地，他成了这些商家首选的供货商，他的产品销量直线上升。

看似愚笨的方法，往往容易被人们忽视，殊不知这里边包含了商机，小李就是一个成功的例子。如果他一直循规蹈矩，那么他也只会是一个平庸者，问题的关键是，小李打破了自己的思维枷锁，用另一种方法让别人接受了他，最终他成功了。

现实生活中，人们之所以平庸或者失败，是因为人们被常规的思维枷锁束缚，使自己裹足不前。那么，人生中有哪些常见的思维枷锁呢？

1. 从众枷锁

当你把一个经过深思熟虑的想法告诉一个朋友时，他说："你错了！"再告诉第二个朋友，还是说："你错了！"随着这种心理的不断累积，我们可能会放弃原本正确的想法，转而迎合大众的意见，这便是从众枷锁在作祟。于是，你就会对自己产生怀疑："看来我确实是错了！"

2. 自我中心枷锁

人们总是习惯自觉或不自觉地按照自己的观点、立场和眼光去思考别人乃至整个世界，从而为自己套上了自我中心的枷锁。

3. 经验型枷锁

在心理学家的一项实验中，100名高中生与100名幼儿园小朋友面对同一谜题：某位举重运动员有弟弟，但是这位弟弟却没有哥哥，这是怎么回事？结果出人意料，高中生因"经验"认为举重运动员必为男性，解题时间及错误率均高于无此"经验"束缚的幼儿园小朋友。这揭示了经验型枷锁如何限制我们的思维灵活性。

4. 唯一答案枷锁

生活中的许多事情不止有一个答案，我们常满足于首个答案，却未意识到生活的多样性往往孕育着多个解决方案，创新自然无从说起。当我们发现陷入思维枷锁的时候，一定要认真地审时度势，敢于打破枷锁，重新找回自己，做自己思想的领航者，也只有这样，我们才能够另辟蹊径，走上成功之路。

5. 求稳枷锁

内心深处对不确定性的恐惧，让我们倾向于选择安全稳妥的道路，希望一切都按部就班，井然有序。于是"创新"之类的事就被抛诸九霄云外。

西方谚语说，罗马不是一天建成的。中国古代先贤荀子也说，不积跬步无以至千里。打破思维枷锁，就是我们走向突破和发展的第一步。我们应当清醒地认识到人生中的各种思维枷锁，并时刻反躬自问——"我到底有没有被思维枷锁困住"。唯有如此，我们的人生才能迎来一个新的局面。

有时距离最短的是曲线

当你有了长远的人生规划后，要做的第一件事就是告诫自己不要急躁。要知道，人生旅途中是没有那么多捷径的。人生就像是爬山，我们沿着曲折的山路，拐许多弯，兜很多圈，有时觉得好似都背离了目标——最高的山峰，其实，你是离目标越来越近了。那些懂得适时转弯、灵活应对的人，往往能率先登顶；而那些一味直线前进、不懂变通的人，则可能频繁受挫。

北京是一个人多车多的大城市，曾经我与一个同事为了赶时间去参加一个研讨会，决定打的去。尽管从二环到三环直线距离不远，最多二十多分钟车程，可司机却执意要绕一个大圈子。

我问司机："您是不是走错了？"

司机说："您是要按直线走还是要赶时间？您如果按直线走，根据现在交通塞车情况，您到那里可能会也快开完了。我比您熟悉北京的大小街道，我绕这个大圈子的目的就是为了让您赶在开会前到达。"

我豁然开朗，急忙谢谢师傅。这次经历让我深刻体会到，我们在生活中很多时候又何尝不是这样呢？绕几个弯，走一条意料之外的曲线，往往能提前到达目的地，更容易接近成功。

数学的世界里，是两点之间，直线最短。在复杂多变的现实世界，有时候最短的反而是曲线。因为直线的路径代表着简单、直接和不变，而曲线则象征着灵活、迂回和适应。在复杂多变的现实世界里，学会变通，走曲线之路，往往能使我们更快、更顺利地到达目的地。

苹果公司创始人史蒂夫·乔布斯的职业生涯充满了曲线。他在创办苹果公司后，被自己一手培养的管理团队赶出公司，但他并没有放弃，而是创办了NeXT和皮克斯动画工作室。几年后，苹果收购了NeXT，乔布斯重回苹果，带领公司走向新的辉煌。他的人生曲线告诉我们，有时看似迂回的路径，反而能带来更大的成功。

曲线不仅是一种路径选择，更是一种智慧的体现。它要求我们具有灵活的思维和应变能力，能够在变化中找到平衡，在曲折中找到方向。曲线的智慧教会我们以下几点。

1. 接受变化

曲线的路径充满了变化和不确定性，接受变化是曲线智慧的重要组成部分。在面对变化时，我们需要保持开放的心态，拥抱不确定性，灵活应对，从而找到最佳的解决方案。

2. 寻找平衡

曲线代表着平衡和调和。在复杂的现实中，我们需要在不同的利益和需求之间找到平衡点，既能实现个人目标，又能顾及整体利益。例如，在工作与生活的平衡中，我们需要灵活安排时间，既能完成工作任务，又能享受家庭时光。

3. 发挥创造力

曲线的路径需要我们发挥创造力，寻找不同寻常的解决方案。在面对问题时，不妨跳出常规思维，勇于尝试不同的方法，往往能找到意想不到的突破口。

坚守原则，忍要有度

"形圆"的同时，需要"内方"。圆，是为了减少阻力，是外在。方，是立世之本，是实质。

人生在世，不如意的事是很多的，当我们遇到不顺心、不合意的事，首先要忍。但是事有可忍与不可忍之分。我们提倡忍耐精神，但不是无原则的妥协，也不是惧怕邪恶势力。如果什么事都不问缘由全都一忍了之，有时候会害人，也更可能害己。

但是，忍也是有一定限度的，并非任何人任何事都可以忍。有的时候，忍是不能被接受的，欺人太甚，也就势必忍无可忍。因为任何事物都有其合理的限度，不可能无限扩张。同样，忍耐也有它的度，无原则的、无界限的忍耐，实际上可能是懦弱甚至愚蠢的体现。

世界上没有什么比生命更宝贵的东西，当你的生命遭受威胁的时候，应该是你奋起反抗的时候了，这时候忍耐只能让你的敌人更加嚣张。面对暴虐的统治，我们不应沉默，应该为了人民的利益挺身而出。适度的忍让是强有力的，是成熟与智慧的体现。超过界限的忍，忍只能是软弱、无能、懦弱、胆怯的表现。

北宋名相富弼年轻时，曾遇到过这样一件事，有人告诉他："某某骂你。"富弼说："恐怕是骂别人吧。"这人又说："叫着你的名字骂的，怎么是骂别人呢？"富弼说："恐怕是骂与我同名字的人吧。"后来，那位骂他的人，听到此事后，自己惭愧不已。明明被人骂却认为与自己毫无关系，并使对手主动"投降"，这可说是"形圆"之极致了。

富弼后来能当上宰相，与他这种高超的"形圆"处世艺术很有关系。但富弼绝不是那种是非不分，明哲保身的人。他出使契丹时，不畏威逼，拒绝割地的要求。在任枢密副使时，与范仲淹等大臣极力主张改革朝政，因此遭谤，一度被摘去了"乌纱帽"。

富弼为我们树立了一个学习的榜样，就是做人既要外形"圆活"，心胸豁达，与人为善；又要内心"方正"，坚持原则，维护自己的独立人格。

第四章

圆融的人都低调

看低自己，抬高别人

地不畏其低，方能聚水成海，人不畏其低，方能孚众成王。我国古代哲学家老子曾经在谈到"上善若水，水善利万物而不争"时，进一步阐述了自己的观点"处众人之所恶，故几于道"所谓"处众人之所恶"，指的是身处大家都不喜欢居的位置。究竟什么位置大家都不喜欢？——低位。也就是说，做人要低调，要谦逊。老子认为：一个人若能做到这一点，就差不多参透了处世之道——"几于道"。

在秦始皇陵兵马俑博物馆，有一尊被称为"镇馆之宝"的跪射俑。这尊跪射俑是保存最完整的、唯一一尊未经人工修复的秦俑。秦兵马俑坑至今已经出土清理各种陶俑1000多尊，除跪射俑外，其他皆有不同程度的损坏，需要人工修复。为什么这尊跪射俑能保存得如此完整？原来，这得益于它的低姿态。首先，跪射俑身高只有1.2米，而普通立姿兵马俑的身高都在1.8至1.97米之间。正如，天塌下来有高个子顶着。其次，跪射俑作蹲跪姿，右膝、右足、左足三个支点呈等腰三角形支撑着上体，重心在下，增强了稳定性，与两足站立的立姿俑相比，不容易倾倒、破碎。因此，在经历了两千多年的岁月风霜后，它依然能完整地呈现在我们面前。

跪射俑的低姿态能够启发我们的处世之道。一个人若能在人生中保持低姿态，才高不自诩，位高不自傲，看透而不说透，知根却不亮底，这种看似混沌、顺从、不张扬的态度，实则能帮助我们避免不必要的纷争，在显赫时不会招人嫉妒，卑贱时不会遭人贬损，能更好地保全自己、发展自己、成就自己。

古罗马大哲学家西刘斯曾说过："想要达到最高处，必须从最低处开始。"这是一个相当有效的建议。把自己的位置放得低一些，脚踏实地，站稳脚跟，然后一步步登攀，到达顶峰才更有把握。正如一位哲人所言，很多高贵的品质都是由低就的行为达成的。要想高成，须得低就。

"看低自己，抬高别人"是人应该恪守的一种平衡关系，它能使周围的人在对自己的认同上达到一种心理上的平衡，不会让别人感到卑下和失落。非但如此，有时还能让别人感到高贵，比其他人强，即产生所谓的优越感。这种似乎在贬低自己的"愚蠢"行为，其实得到的更多，如他人的尊重与关照。

懂得看低自己的人就是懂得人生无止境，事业无止境，知识无止境。海不辞水，故能成其大；山不辞石，故能成其高。古人云："鹤立鸡群，可谓超然无侣矣，然进而观于大海之鹏，则渺然自小；又进而求之九霄之凤，则巍乎莫及。"只有建立在谦逊谨慎、低调做人的基础之上的人生追求才是健康的、有益的，才是对自己、对社会负责任的，也一定是会有所作为、有所成功的。

有的人看上去很平凡，甚至可能给人留下"软弱"或"无能"的印象，但这样的个体绝不容忽视。有时候，越是这样的人，越是隐藏着远大的志向，而这种外表的"无能"正是其心高气不傲、富有忍耐力和成大事讲策略的表现。这种人往往能屈能伸，具有普通人所没有的远见卓识和城府。

三国时的刘备一生有"三低"最为著名，也正是这"三低"成就了他的蜀汉王国。

第一低是桃园结义。与他在桃园结拜的人，一个是酒贩屠户张飞；另一个是在逃的杀人犯关羽。而他，刘备，皇亲国戚，后被皇上认为皇叔。然而他肯与张飞、关羽结为异姓兄弟。他这一"低"，就将五虎上将张翼德、儒将武圣关云长——两条浩瀚的"大河"引向他。刘备的事业，由这两条"大河"开始汇成汪洋。

第二低是三顾茅庐。刘备，作为一位前辈，为了求见一位年轻后辈，竟不辞辛劳地三次亲临拜访。尽管在年龄上，刘备足以被视作长辈，但他却甘愿承受两次被拒之门外的尴尬，没有丝毫的怨言，更不觉得这是有失颜面之举。这一低，便又有一条更宽阔的河流汇入了他的事业汪洋，也求得了一张宏伟的建国蓝图，一位千古名相。

第三低是礼遇张松。益州张松本来是想把西川地图献给曹操，可曹操自从破了马超之后，志得意满，骄人慢士，数日不见张松，见面就要问罪。后又向他耀武扬威，引起众人讥笑，还差点将其处死。而刘备却派赵云、关云长迎候于境外，自己亲迎于境内，宴饮三日，泪别长亭，甚至要为他牵马相送。张松深受感动，终于把本打算送给曹操的西川地图献给了刘备。刘备这一低，最终成就了蜀汉王国。

不管你是否已取得成功，都应该讲求谨慎谦和，礼贤下士，更不能得意忘形、丑态尽露。心气决定着你的行动，行动影响着你的事业，学会低调做人，才能成为最终的强者。

因此，只有那些懂得有胜不骄、有功不傲的人才是真正会生活、会做事的人。表面上看他们似乎是弱者，可他们却会因此而成为强者，成为前途平坦、笑到最后的人。

世间万事万物皆起之于低，成之于低，低是高的发端与缘起，高是低的嬗变与演绎。

该低头时要肯低头

飓风扫荡过的原野一片狼藉，连高大伟岸的橡树也被拦腰折断。然而芦苇却顽强地活了过来，在微风中跳起了轻快的舞蹈。飓风以横扫一切的气势，将高大伟岸的橡树折断，却没有伤害到纤细如指、柔弱如柳的芦苇，究竟是什么原因？原来，芦苇在飓风来临时，将自己的身子一再放低、放低……几乎与地面平行，使飓风加在自己身上的力量减少到最低，因而得以保全自己。而橡树，仗着自己有坚实的腰板，不肯放下自己的身段，最终免不了被飓风吹折。

一次，一位气宇轩昂的年轻人，昂首挺胸，迈着大步去拜访一位德高望重的老前辈，不料，一进门，他的头就狠狠地撞在了门框上，疼得他一边不住地用手揉搓，一边生气地看着比他的身子矮一截的门。恰巧，这时那位前辈出来迎接他，见之，笑笑说："很疼吗？可是，这将是你今天来访问我的最大收获。"年轻人不解，疑惑地望着他。"人生活在世上，就必须时刻记住：该低头时就低头。这也是我要教你的事情。"老人平静地对年轻人说。

这位年轻人，据说就是后来被称为"美国之父"的富兰克林。富兰克林把这次拜访得到的教导看成一生中最大的收获，并把它作为人生的生活准则去遵守，因此受益终身。后来，他成为功勋卓越的一代伟人。

人在屋檐下，不得不低头。这是古之金玉良言。你誓不低头，结果撞了脑门儿。生气吧，愤怒吧，难道你还掀了屋檐不成——掀了之后你去哪里容身？

人生要历经千门万坎，那些敞开的门也许并不总能容纳我们的身形，更何况还可能遭遇人为设置的阻碍。若一味地趾高气扬，到头来，不但被拒之门外，而且还会被撞得头破血流。学会低头，该低头时就低头，巧妙地穿过人生荆棘，既是人生进步的一种策略和智慧，也是立身处世不可缺少的风度和修养。

低调是一种优雅的人生态度。它代表着豁达，代表着成熟和理性，它是和含蓄联系在一起的，它是一种博大的胸怀、超然洒脱的态度，也是人类个性最高的境界之一。

用低姿态化解嫉妒

嫉妒是人性的弱点之一，只不过有的人会把嫉妒表现出来，有的人则把嫉妒深埋在心底。嫉妒是无所不在的，朋友之间、同事之间、兄弟之间、夫妻之间、父子之间，都有嫉妒存在。若未能妥善管理这些嫉妒情绪，特别是发生在朋友、同事间的嫉妒情绪，嫉妒的滋生不仅干扰工作效率，还可能严重损害人际关系的和谐与信任。

朋友、同事之间嫉妒的产生有多种情况。例如："他和我是同班同学，在校成绩没有我好，可是竟然比我发达，比我有钱！"在工作中，如果你升了官、受到上司的肯定或奖赏、获得某种荣誉，那么你就有可能被别人嫉妒。

因此，当你一朝得意时，应该想到并注意到的问题是：

同单位之中有无比我资历深、条件比我好的人落在我后面？因为这些人最有可能对你产生嫉妒。

通过观察同事们在你"得意"时情绪上的微妙变化，我们可以捕捉到那些可能心生嫉妒的线索。一般来说，心里有了嫉妒的人，在言行上都会有些异常，不可能掩饰得毫无痕迹，只要稍微用心，这种"异常"就很容易发现。

同时，你应该尽快在心态及言行方面做如下调整：不要凸显你的得意，以免刺激他人，徒增他人的嫉妒情绪，或是激起其他更多人的嫉妒。

把姿态放低，对人更有礼、更客气，千万不可有倨傲侮慢的态度，这样能够在一定程度上降低别人对你的嫉妒。

和嫉妒你的人沟通，诚恳地请求他的帮助和配合，当然，也要指出并赞扬对方有而你没有的长处，这样或多或少可消弭他对你的嫉妒。

学会以低姿态来化解，这种低姿态其实是一种非常高明的处世技巧。

学会低调做人，就是要不喧闹、不矫情、不造作、不故作呻吟、不假惺惺、不卷进是非、不招人嫌、不招人嫉，即使你认为自己满腹才华，能力比别人强，也要学会藏拙。

用低姿态消融敌意

当你受到攻击时，你会怎样反应呢？激烈对抗？避开锋芒？适度还击？一走了之？通常，你可能会因为理直气壮而强烈回击。这种行为有时是合适的，有时则未必。这是因为，强烈回击有时会得到好的结果，有时却会出现不良结果。人活在世上，总是处在各种各样的矛盾之中。因为原则和利益或一些偶然因素，可能会经常受到不友善甚至敌意的对抗和算计，如果对此太介意，便有可能难以在人群中立足；如果一个人处处还击，生活将充满无休止的争斗。既不必要，也不划算，更非明智之举。因此，人没有必要和对手采取一致的方式或站在对等的层次上进行还击，而应采取低调策略化解矛盾和敌意。这样，既显得你大度，又减少了自己不必要的时间、精力支出和其他可能的损失。在人生中，让自己保持一个豁达、开朗、轻松的心态，不是更好吗！

物理学定律表明，作用力有多大，反作用力也就有多大。对抗也是如此，你有多么激烈，对方也会有多么激烈。

低调对待敌意，不激烈还击，不与对方正面冲突，不但可以避免"敌意"的升级，而且还能为自己留下回旋的余地。如果与对方针锋相对，只会促使对方产生更强烈的反应。这样，有限的敌意无限化了，小的灾祸变大了，尤其对于非原则、非利益的矛盾，实在是得不偿失。

低调对待敌意，并不是胆小怕事、逃跑和不顾己方的原则和尊严，而是要避免把自己卷入更大的灾祸中。只要对方的攻击对自己不能造成根本性的损害，就没有必要做过激反应。只要这些攻击能够控制在可控范围内，我们就应以平和的态度对待，不将其视为大敌。通常单方面的不对抗和放弃对抗，会让对方失去战斗对象和对立面，这也能从根本上消解对方的斗争意志，从而从根本上削弱其斗志，使他们的攻击无从下手。这种方式，比起直接对抗，更能体现智慧与策略。同时，我们要认识到，世界上的事情都是有前因后果的，敌意不会凭空而来。我们也要虚心待人，努力探寻敌意产生的根源，从而从根本上消除它。

低调做人，不仅可以保护自己、融入人群，与人和谐相处，也可以让人暗蓄力量、悄然潜行，在不显山不露水中成就事业。

风光时更要注意低调

我曾有过这样的亲身经历。今年春节时，我约了几个朋友来家里吃饭，这些朋友都是老朋友了。我把大家聚拢来吃个饭，主要是想借热闹的气氛，让情绪陷于低潮的老刘开开心。老刘这一年来，一直不顺，股市上亏了血本不说，妻子还在和他闹离婚，内外交困中，不到四十岁的他看上去真的是"老"刘了。

来吃饭的朋友都知道老刘目前的境况，大家也尽量说些开心的笑话、段子，不提什么事业、股票之类的话题。但酒过三巡后，朋友老吴的话开始多了起来，忍不住大谈他如何从各种信息中嗅出股市的异常，又如何胜利"大逃亡"。同时，还大谈一家人如何"挥霍"赚来的巨款。那种得意的样子，在酒精的作用下显得格外神气。此时，老刘独自坐在角落，沉默不语，脸色愈发沉重，最终提前离开了饭桌。

我送老刘下楼时，老刘愤愤地说："老吴赚了钱也不用在我面前炫耀嘛！"

我理解老刘的心情。因为我在多年前处于人生低潮时，也有过类似的心路。

　　一个人风光得意时，要他闭嘴不谈自己的神勇也许不太容易。但你一定要想一想，你的受众听了，会是怎样的感觉？

　　瑞典知名女影星英格丽·褒曼，在获得了两届奥斯卡最佳女主角奖后，又因在《东方快车谋杀案》中的精湛演技获得最佳女配角奖。褒曼在领奖时，一再称赞与她角逐最佳女配角奖的弗沦汀娜·克蒂斯。她认为真正获奖的应该是这位落选者，并由衷地说："原谅我，弗沦汀娜，我事先并没有打算获奖。"

　　褒曼作为获奖者，没有喋喋不休地叙述自己的成就与辉煌，却对自己的对手推崇备至，极力维护了落选对手的面子。一个人能在获得荣誉的时刻，如此善待竞争对手，如此向伙伴真诚地袒露心声，实在是一种风度。

　　一个人处于不太如意的境地时，他的品性或许不那么显眼。混得风光时，才能看得更清楚。我们见到了太多苦心经营创业的人，他们行事谨慎、做人规矩，但遗憾的是，一旦他们变得富有和成功，有些人就会改变态度，变得傲慢自大。

　　得意忘形者并不知道：越是伟大的人，越是谦卑待人。同时，越是谦卑待人，又越显其伟大。据说富可敌国的洛克菲勒在乘坐火车时，被一个贵妇人要求帮忙提箱子。上了火车后，贵妇人顺手给了洛克菲勒1美元的小费。车子启动后，列车长在例行的巡视中看见了洛克菲勒，高兴地打招呼："嘿，洛克菲勒先生，欢迎您乘坐这趟列车，我是这列列车的列车长，如果您有什么需要帮忙的请找我。"洛克菲勒表示感谢后，没有提出什么要求。身边的贵妇人听了，非常吃惊，认为自己让石油大王提了箱子，并给了1美元的小费，实在是荒唐。于是她诚恳地道歉，并恳求洛克菲勒将1美元退给自己。洛克菲勒微笑着回答："太太，你不用道歉，这1美元是我挣的，所以我可以收下。"

不要有了一点成就，就喋喋不休地诉说着自己光辉的奋斗史，不要因为腰包里丰厚就盛气凌人，有内涵有实力的人，最懂得低调。

山不炫耀自己的高度，并不影响它耸立云端；海不炫耀自己的深度，并不影响它容纳百川；地不炫耀自己的厚度，但没有谁能取代它承载万物的地位。

第五章

圆融说话 滴水不漏

话莫说满，留些余地

说话圆融的人，看上去不太善于言辞，唯唯诺诺、迷迷糊糊，却能以静制动、以柔克刚、后发制人。

《菜根谭》中有云：天道忌盈，业不求满。意为事事要留有余地，如是则"造物不能忌我，鬼神不能损我。若业必求满，功必求盈，不生内变，必招外忧"。具体到语言的表达方式上，真正明智的人是很少说"一定""绝对""保证"之类的话的，他们尽量用"应该""我想""尽力试试"之类的模糊语言，给自己留有余地，使自己的话不至于极端。同时，也给别人留有余地，减少口角之争。

《左传》中记述了这样一个故事：郑庄公二十二年（公元前722年），郑庄公的母亲武姜支持郑庄公的弟弟共叔段发动叛乱。郑庄公对于母亲的行为非常愤怒，立下毒誓与母亲武姜"不及黄泉无相见"。平定叛乱后不久，冷静下来的郑庄公为自己的毒誓后悔了。他想见自己的母亲，但又苦于自己发过誓，不能违背。好在他的部下颍考叔帮他出了一个主意："掘地及泉，隧而相见"。方才解了郑庄公思念母亲的痛苦。

因为一句话，不得不付出了大量的人力物力"掘地及泉"来弥补。把话说得太满太死的代价真是太大了。

前事之师，后世之鉴。可惜时至今日，把话说得太死太满的现象，在我们的生活中仍屡见不绝，如"除非……否则我绝不……"之类的句式，在你我的口中，多少会有一些出现。朋友小李在公司里因为工作问题和同事产生争执，小李要用A方案，他的同事要用B方案。争来争去谁也说服不了谁，于是决定各自按照自己的方案做。本来说好分头行事，小李却忍不住甩下一句："你的方案绝对不行，要是成功了我不再姓李，我跟你姓！"后来的事实让小李非常难堪：他自己的方案失败了，而同事的方案成功了。小李当然不可能真的改自己的姓，同事也没有再提小李改姓的话。

生活中有很多事情我们无法预料它的发展态势，有的也不了解事情的发生背景，切不可轻易地下断言，不留余地，使自己一点回旋的余地都没有。

那么，怎么样才能为自己留有余地呢？

（1）答应别人的请托时，尽量不要用"保证"之类的字眼，应代以"我尽量、我试试看"的字眼。

（2）上级交办的事当然接受，但不要说"保证没问题"，应代以"我全力以赴"的字眼。这是为万一自己做不到留后路，而这样回答事实上又无损你的诚意，反而更显出你的审慎，别人会因此更信赖你！即使事没有做好，也不会怪罪你。

（3）与人交谈不要口出恶言，更不要说出"势不两立"之类的话。

（4）不要把人看死了。像"这个人完蛋了""这个人一辈子没出息"之类属于"盖棺论定"的话最好不要说。人的一辈子很长，变化也很多。

模糊语言，圆融应对

模糊语言也叫外交辞令。有些人认为外交辞令是政治家的事，在日常生活和工作中用外交辞令没有必要。事实上，外交辞令在任何场合都大有用处。

外交辞令是运用不确定的或不精确的语言进行交际的一种语言表达方式，在公关语言中运用适当的外交辞令，是一种很好的"铁布衫"防身术。外交辞令主要表现在语言的含糊上。

钱锺书先生是个自甘寂寞的人，居家读书，闭门谢客，最怕被人宣传，尤其不愿在报刊、电视中扬名露面。他的《围城》再版以来，被拍成了电视，在国内外引起轰动，不少新闻机构的记者都想约见采访他，均被钱老执意谢绝了。一天，一位英国女士好不容易打通了钱老家的电话，恳请让她登门拜见。钱老一再婉言谢绝没有效果，他就妙语惊人地对英国女士说："假如你看了《围城》像吃了一只鸡蛋，觉得不错，何必要认识那个下蛋的母鸡呢？"英国女士只好放弃了采访的打算。

钱先生的回话，首句语义明确，后续两句："吃了一只鸡蛋觉得不错"和"何必要认识那个下蛋的母鸡呢?"虽是借喻，但从语言效果上看，却是达到了"一石三鸟"的效果：其一，是属于语义宽泛、富有弹性的模糊语言，给听话人以寻思悟理的伸缩余地；其二，在与女外宾交际中不宜直接明拒，采用宽泛含蓄的语言，显得有礼有节；其三，更反映了钱先生超脱盛名之累、自比"母鸡"的这种谦逊淳朴的人格之美。一言既出，不仅无懈可击，且又引人领悟话语中的深意，格外令人敬仰钱老的道德与大家风范。

李经理宣布了一份新的业绩考核制度，对工资构成进行了一个很大的改革，引起了公司业务部不小的震动。业务部里的人为此议论纷纷，多数叫好，少数人反对。正在大家踊跃各抒己见之时，李经理走了进来。大家顿时住嘴，各忙各的活。李经理当然知道这些人在讨论什么，他想借这个机会整一整反对他的人。

于是，他当着大家的面，问资历最浅的业务员小赵："小赵，对于新的业绩考核，大家的观点怎样?"

"经理，有的赞成，有的反对。"小赵回答。

"哦? 那你的态度是……"李经理设下了套子。

"经理，我赞成同事们的观点。"小赵不卑不亢地避开了陷阱。

小赵的回答很高明，我们现在分析一下他的高明之处。首先，在李经理问"大家的观点怎样"这个问题时，小赵选择了如实汇报："有的赞成，有的反对"。但他没有画蛇添足地具体说明"多数赞成"和"少数反对"。接下来，面对李经理设下的套子："你的态度是……"小赵更是不敢怠慢。我们姑且不论他的态度如何，总之不论他答"赞成"还是"反对"，都会招来一些同事的怨恨。而且，他回答赞成吧，难免有人怀疑他拍马逢迎；说反对吧，正好被李经理抓个典型杀鸡儆猴。所以，他将模糊语言进一步发挥，用"我赞成同事们的观点"轻易地化解了危机。

　　也许有人会担心：这样的回答会不会惹恼李经理？我想这个担心是多余的，圆融的人谁都喜欢，业务部门更需要这种人才。

　　顺便提一个问题，如果李经理在得到"有的赞成，有的反对"的答复后，紧接着问："哪些人赞成，哪些人反对"，读者朋友不妨设身处地想一想，要是你是小赵会怎样回答呢？

　　小赵可以转身面向同事，问："刚才是哪些人赞成？"将烫手的山芋丢给同事却不留丝毫把柄。

　　最后需要补充的是：模糊的外交辞令只能在需要的时候偶尔用一用。老使用这种语言的人，会因为虚伪而得不到他人的信任。就像我们例子里的小赵，如果是单独与经理讨论这个问题，如果他确实觉得有必要发表自己的看法，完全可以坦承自己的观点；不过对于同事的观点，还是不能过于具体落到具体的人身上，要适当运用模糊语言。

虽然是圆融应对，但信息传达得清晰明了，这才是圆融应对的要义。

张弛有度，进退适宜

圆融说话，总是张弛有度，进退适宜。

生活中，我们有时会听到有人这样评价一个人："他说话能噎死人！"这就说明说话太直接了容易使人一时难以接受，事倍功半。甚至有时我们的本意虽然是好的，但是由于说得太突然太直接了，而难以达到目的，误人误己。有时，说话需要委婉一点，含蓄一点，让对方自己去领悟，这样可以给双方更多的考虑空间，也容易让人接受。

杨洪是三国时期的蜀郡太守。他的门下书佐何祗出道时间短，却升职很快，居然当上广汉太守。每次朝会，杨洪都要和同为太守的昔日部下何祗平起平坐。杨洪心里有点不平衡，在一次朝会空闲，他语带嘲谑地问何祗："你的马怎么跑得这样快？"

很明显，说的是马快，但实则是指升职的速度快。

这个问题，暗藏锋芒，不好回答。老老实实地回答为什么自己的马快（马的品种好？驾车的人技术好？），没什么意思，也有答非所问之嫌。那么直接把问题说开，解释自己快速升职的理由？也不好，有自以为是、自我吹嘘的嫌疑。当然，对于这类问题，完全可以打个呵呵就过去了。

但何祗不同。他笑呵呵地回答："不是小人的马跑得快，实在是因为大人您没有给快马加鞭啊。"

抛开杨洪的阴暗心理不说，他的提问的确够水平。而何祗的回答更为高明，委婉地解释了自己升职快的原因是勤勉，而对方升职慢的原因是不够努力。两人的对话都很委婉，不明就里的人还真不知道话里有话。他们在委婉中完成了一场小小的交锋，却又照顾了彼此的身份与面子。

做人固然要正直、直率，但并不意味着说话都要直言，因为直来直去的话最容易伤人，使人反感厌恶。例如，当妻子买了一块布料征求丈夫的意见，丈夫觉得妻子用这块布料做成衣服穿不太合适，如果丈夫不顾及妻子的心情，直白地批评说："你看你的审美观真成问题，一把年纪了还穿这么鲜艳的衣服，岂不成老妖婆了？"这样生硬、贬损的话必定会伤害妻子的自尊心。如果丈夫换一种方式来表达："不错，颜色真鲜艳，女儿的同学就穿这种颜色的衣服，真的很漂亮。"这意见说得委婉得体，不但反对的意见传递出去了，还更容易被妻子接受。

总之，委婉说话不仅是一种策略，也是一门艺术。含蓄委婉地说话，正是为人成熟的表现。作为一个现代人，应当有这种文明意识，掌握这一有利于交流的圆融说话方式。

活用暗示，巧解难事

暗示是一种隐蔽的、含蓄的提示，是一种巧妙的说话方式。运用暗示的说话方式，可以将一些不便明说的意思表达出来。

美国经济大萧条时期，找到一份工作是很困难的。有位小女孩幸运地在一家高级珠宝店，找到了一份销售珠宝的工作。一天，珠宝店里来了一位衣衫褴褛的青年人，青年满脸悲愁，双眼紧盯着柜台里的那些宝石首饰。

这时，电话铃响了，女孩去接电话，一不小心，碰翻了一个碟子，有六枚宝石戒指落到地上。她慌忙拾起其中五枚，但第六枚怎么也找不到。此时，她看到那位青年正惶恐地向门口走去。顿时，她意识到那第六枚戒指在哪儿了。当那青年走到门口时，女孩叫住他，说："对不起，先生！"

那青年转过身来，问道："什么事？"

女孩看着她抽搐的脸，一声不吭。

那青年又补问了一句："什么事？"

女孩这才神色黯然地说："先生，这是我的第一份工作，现在找工作很难，是不是？"那位青年很紧张地看了女孩一眼，抽搐的脸上浮出一丝笑意，回答说："是的，的确如此。"

女孩说："如果把我换成你，你在这里会干得很不错。"

终于，那位青年退了回来，把手伸给她，说："我可以祝福你吗？"

女孩也立即伸出手来，两只手握在了一起。女孩仍以十分柔和的声音说："也祝你好运！"

青年转身离去了。女孩走向柜台，把手中握着的第六枚戒指，放回了原处。

这本来是一起盗窃案。在通常情况下，大多数人可能会大叫抓偷窃者或者报警。但是，这位女孩却巧妙地运用了暗示，既没惊慌也没声张，却使小偷归还了偷窃物，那小偷也没有当众出丑，体面地改正了自己的错误。假如那女孩大喊大叫，说不定小偷会在情急之下飞快跑了，或偷偷将戒指扔到某个难以寻找的角落。

暗示的显著特点是"言此而意彼"，能够诱导对方领会你的话，去寻找那言外之意。从心理学的角度来看，委婉暗示的话，不论是提出自己的看法还是劝说对方，都能维护对方的自尊，使对方容易赞同，接受自己的说法，进而也就达到了沟通的目的。

生活中有很多尴尬的事情发生，如果直截了当，可能会让大家陷入难堪的境地。此时，不妨巧妙地旁敲侧击，用暗示的方式来提醒对方。

春秋时，有一次晋文公率军进攻卫国，行军途中，看到有一个人在路边仰面大笑。此人叫公子锄，他想阻止晋文公进攻卫国。晋文公问："你因何发笑?"

公子锄说："有个人送他的妻子回娘家，在半路碰到一个很漂亮的采桑女，就嬉皮笑脸地和人家搭话。等他回头一看，却见另一个男人正在向他的妻子频频招手致意。"

晋文公听后，猛然明白了公子锄的意思，立即下令火速回师，还没到家，就发现果然有人在攻打晋国的北部边疆。

这么高明的暗示，大约只有高手才想得出，也只有高手才能会意暗示最怕的是太"暗"，"暗"到别人很难明白你的真实意思，那就白暗示了。

兜兜圈子，少碰钉子

左三圈，右三圈，脖子扭扭，屁股扭扭……兜这种圈子有益健康。说话兜圈子，左三圈、右三圈，天南海北古今中外……会有什么益处呢？

某天，一位年轻媳妇看到小姑子穿了件新的羊毛衫，猜想是婆婆给买的，便故意高声地对小姑子说："哇，从哪儿买来的羊毛衫，真漂亮！"婆婆便在一旁答话道："从街口那家商场买的，刚进的货。我先买了一件，让你俩穿上试试，要是看中了，明儿再买一件。"

年轻媳妇其实是也想要一件，但又不好意思说出口，于是转向小姑子去夸羊毛衫，"王顾左右而言他"。聪明的婆婆听出了弦外之音，便答应也给她买一件。如果婆婆不想给她买，也可以装糊涂置之不理，这样大家不至于难堪。

有位年轻人早早回家做了一锅红枣饭。妻子下班回来，端起碗，高兴地问道："这枣真甜啊，哪来的？"丈夫说乡下姑妈捎来的。妻子不无感慨地说："姑妈想得可真周到啊，年年捎枣来！"丈夫说："那还用说，我从小失去父母，就是姑妈把我抚养大的嘛！"妻子说："她老人家这一生也真够辛苦的。"稍停，丈夫忽然叹了口气，说："听捎枣的人说，姑妈的老胃病又犯了，她一个人在乡下真够难的……""那就接来呗，到医院好好治治。"不等丈夫把话说完，妻子说出了丈夫想说还未说出的话。

年轻人想接姑妈来城里治病，但不直说，而是通过吃枣饭、忆旧情，左三圈、右三圈地兜来兜去造成一种适宜的氛围，然后再说姑妈生病，而让妻子接过话题，说出接姑妈来的话。这样言来语去，自然圆满，比直说高明多了。

在我们日常生活和工作中，有时候，我们还真的需要在说话时"兜兜圈子"。那么，在什么样的情况下，我们需要在说话时兜圈子呢？

第一种情况是，为了顾及情面，有些话不方便直说出来，这时需要兜圈了。比如婆媳之间、恋人之间、两亲家之间等，都是后天建立起来的情感之塔，基础欠牢固，交往中双方都比较谨慎、敏感，言语中稍有差错，都会带来不快或产生误解、造成矛盾。

第二种情况是，为让对方更易接受，这时可以运用"兜圈子"的说话方法。有些话直接挑明了估计对方一时难以接受，一旦对方明确表示不同意，再要改变其态度就困难多了。在这种情况下，为了强调事理，说服对方，就可以把基本观点、结论性的话先藏在一边。而从有关的事物、道理、情感开始兜起圈子。待到事理通畅、明白，再稍加点拨，更能化难为易，达到说服对方的目的。前面举的那位年轻人就是针对这种情况而兜圈子的。如果他直言要接姑妈来城里治病，妻子不一定同意。而通过吃枣饭、谈红枣、忆旧情，事理人情双关，形成了把姑妈接来的充分理由，水到渠成，所以不用自己讲，妻子就把他的心里话说出来了。

兜啊兜，绕啊绕，避实就虚，多路进攻，旁敲侧击，曲径通幽。在"兜来绕去"的过程中，去争取更多的时间以利沟通的进行。

避实就虚，曲径通幽

三年羁旅客，今日又南冠。

无限河山泪，谁言天地宽！

已知泉路近，欲别故乡难。

毅魄归来日，灵旗空际看。

这是明末清初的民族英雄夏完淳的一首绝命诗。他是一个12岁参加反清斗争、14岁弃笔从戎的少年天才，在16岁那年被俘。

夏完淳被俘后押至南京受审。提审时，他惊愕地发现审判自己的竟是明朝叛官洪承畴。

洪承畴原是明朝的一个总督。清军南下时，崇祯皇帝曾命他率军抵抗，结果全军覆没。崇祯帝及满朝文武还以为他已战死了，为他举行了隆重的祭礼，并大力表彰他，谁知他却早已当了叛贼，死心塌地地为清王朝卖命了！

洪承畴以为夏完淳不认识他，以长者的口吻对夏完淳说：

"小孩子家懂什么造反，还不是让那些叛乱之徒硬拉去的？你要是肯归降大清，我保你做官。"

夏完淳感到既气愤又好笑，苟且偷生，真是叛贼的逻辑。于是，他装出不认识洪承畴的样子，决定嘲弄一下这个叛贼。他回答说："我年龄是小，可我有自己的志向。你们都知道我们的抗清英雄洪承畴吧？他奋勇抗清，宁死不屈，很有气节，我年龄再小也要做他那样的人！"

听了夏完淳的话，洪承畴在大堂上真是如坐针毡。这时，有人告诉夏完淳说："大堂上坐的正是洪大人，你不要再顽抗了！"

夏完淳还是装出糊涂的样子，指着洪承畴的鼻子骂了起来："胡说！洪老先生早已为国捐躯，天下谁人不晓。你是哪来的贼子，竟敢假冒洪先生，玷污他的名声？只有你们才是朝廷的叛徒，民族的败类。你们认贼作父，投降清廷，应人人得而诛之！"

大堂上的洪承畴被骂得狗血喷头，但又不便发作。他无地自容，只好用颤抖的声音喊道："把他押下去！押下去！"

夏完淳没有直接骂洪承畴是叛臣，反而有意假装称他是忠臣，这种避实就虚、曲径通幽的战术，比正面直接攻击的效果又胜一筹。

在我们日常的工作与生活中，我们也可以用到这种说话方式。例如，在酒吧里，一个高个子先生问一个正要出门的矮个子先生："您好，请问您是蓝斯顿先生吗?"矮个子回答："不，我不是。"高个子听了，一副非常高兴的样子："哦，您不是的话我就放心了，我是蓝斯顿，你头上的帽子是蓝斯顿的。"哈哈，原来是矮个子出门时拿错帽子了! 这种生活中的小小杂音，被蓝斯顿演绎出了一场轻喜剧。

从上面的例子我们不难看出，圆融说话是一项多么有效的武器。既可以将敌人"杀"得丢盔弃甲，又可为生活添加趣味十足的作料。

以静制哗，后发制人

以静制哗，是一种很高明的圆融口才，意思是说，以自己的安定、镇静应付对手的喧哗或浮躁不安，从而获得胜利。

夫妻之间的争吵，有时小吵，有时大吵；有明吵，还有暗吵。小吵就是相互斗嘴，从此发生一些口角，这种争吵一般是可以自行调节的。大吵就是双方都动了真格的，持续的时间长，涉及的问题多，非要争个你输我赢不可。这种争吵一般要由他人出面相劝才能解决。暗吵就是夫妻俩关起门来吵，不大愿意让人知晓，当有外人来时，双方就会自动中止争吵。明吵则相反，就是要当着众人的面争吵，这种争吵一般是要把矛盾公开化，是争吵中最为严重的一种类型。

当然，不少夫妻在争吵时各种形式是同时或交替出现的。不管怎样，夫妇争吵总不是一件好事，它会给夫妻生活带来许多烦恼，甚至是不幸的祸根。因此，能够避免争吵，保持自始至终的和谐与合作当然是一件幸事；但在争吵不可避免时以理智、冷静而恰当的态度处之，并及时减少或消除由此带来的不良后果，重新取得和谐，却不失为一种艺术。

古时候，有个农民牵着一匹马到外地去，中午走到一家小酒店去用餐，这时一个商人骑着一匹马过来，也将马往同一棵树上拴。农民见了忙说："请不要把你的马拴在这棵树上，我的马还没有驯服，它会踢死你的马的。"但那商人不听，拴上马后也进了小酒店。

一会儿，他们听到马可怕的嘶叫声，两人急忙跑出来一看，商人的马已被踢死了。商人拽住农民就去见县官，要农民赔马。县官向农民提出了许多问题，可问了半天，农民装作没听见似的，一字不答。

县官转而对商人说："他是个哑巴，叫我怎么判？"商人惊奇地说："我刚才见到他的时候，他还说话呢。"县官接着问商人："他刚才说了什么？"商人把刚才拴马时农民对他说的话重复了一遍，县官听后将惊堂木一拍，说："这样看来是你无理了，因为他事先曾警告过你。因此，他不应该赔偿你的马。"

这时农民也开了口，他告诉县官，之所以不回答问话，是想让商人自己把事情的经过讲清楚，这样，不是更容易弄清楚谁是谁非吗？

由此可见，在日常交际中，遇到自身难以说清是非的问题时，不如也像这位农民一样，以静制哗，等他人自露破绽，再后发制人。

说话的艺术，同时也包含不说话的艺术。荀子说：说话而恰当是智慧，沉默而恰当也是智慧。西方也有一句名言：聪明的人借助经验说话，而更聪明的人根据经验不说话。

拒绝他人，言辞谨慎

喜剧大师卓别林曾说：学会说"不"吧！那你的生活将会美好得多。是的，说"不"的确能替自己省很多事。但这个"不"不是就一个字那么简单。对别人的请求，简单的一个"不"字，很容易给自己脸上贴上不近人情、冷酷的标签，并导致你的人际关系受损。

"不"的意思一定要表达出去，因为我们不能一辈子就做别人手里的牵线木偶。我们需要自己的时间与空间来发展自己。那么，如何能巧妙地做到，既表达了"不"的意思，又不至于让人际关系陷入冷漠呢？

我们在此提倡圆融拒绝法。圆融拒绝也就是委婉拒绝的意思。其大致常用的方法有四种。

1. 条件法

条件法，顾名思义，是带有条件的应承。你要我做什么可以，但是有一个前提。举个例子，庄子当年找监河侯借钱，一开口，好家伙，要300两金子！监河侯听了，这么多啊，不借。不借是不借，但人家拒绝得非常有水平。监河侯说："好，过段时间我要去收租，如果能够收齐，就借你300两金子。"这话听上去是应承了，但里面透露出信息，隐含了条件，留足了退路。透露了什么信息呢？——我现在不借，不借的原因是手里不宽裕，要收了租才有。隐含了什么条件呢？——如果能够将租收齐。留足了什么退路呢？——一是要过段时间，二是如果没有收齐租的话不借。庄子是多么聪明的人，一听这个回复也没有半点办法。

在运用条件法时，要注意条件的设置，要与别人的请托有密切关系，方才说得过去。比如别人问你借钱，你说好吧，等太阳从西边出来吧。这成了什么，太阳从那边出和借钱有什么关系，再说太阳也不可能从西边出来啊。你不是存心刻薄、调侃人家吗？那要怎么说呢？你看现在股市不是不景气吗？如果你炒股的话，可以说："好啊，等我的股票解套了吧。"那么谁又能知道你有多少股票被套、套了多深、何时能解套！

2. 推脱法

人处在一个大的社会背景中，互相制约的因素很多，为什么不选择一个盾牌挡一挡呢？例如，有人托你办事儿，假如你是小组成员之一，你可以说："我们小组是一个集体，你的事儿需要大家讨论才能决定，不过这件事恐怕很难通过，最好还是别抱什么希望，如果你实在要坚持的话，待大家讨论后再说，我个人说了不算数。"

这就是推脱，把矛盾引向了另外的地方，意思是我不是不给你办，而是我可能办不了。听者听到这样的话，一般都要打退堂鼓，会说："那好吧，既然是这样，我也不难为你了，以后再说吧！"

3. 答非所问法

答非所问是装糊涂，给请托者以暗示。如："这事儿您能不能帮忙？"答："我明天必须去参加会议。"

答非所问，婉拒了对方，对方从你的话语中感受到，他的请托得不到你的帮助，只好寻求别的办法。

4. 含糊法

如："今晚我请客，请务必光临。"答："今天恐怕不行，下次一定来。"

下次是什么时候，并没有说定，实际上给对方的是一个含糊不定的概念。对方若是聪明人，一定会听出其中的意思，而不会强人所难了。

说了那么多拒绝别人的方法，并不是说我们就应该拒绝一切求助。每个人的时间、金钱、资源都是有限的，对于有些请求，我们实在是没能力或必要去硬充好汉。同时，需要提醒读者的是，也不是所有的拒绝都要用圆融法，事实上，有些情况下你也完全可以直接拒绝对方。要根据具体情况来选择适当的方法。比如你的好友打电话要你陪她去逛超市，如果你没有时间，你完全可以直接告诉她："对不起，我现在没空，我要做什么什么事情。"不需要任何拐弯抹角，效果更好。

言多必失，沉默是金

俗话说，"祸从口出""言多必失""说出去的话，泼出去的水。"既然是自己没有依据地说，信口开河地说，于人无利地说，就难免于人有害。人云"一言既出，驷马难追。"可见，如果说错了一句话，要想挽回是非常困难的。

古希腊哲学家苏格拉底的演讲艺术十分高超，几乎到了"炉火纯青"的地步，引来不少年轻人慕名而来学习口才。有一天，又有一位年轻的求学者上门，大概是为了表现自己是一个可造之才，年轻人一见苏格拉底便滔滔不绝地云山雾罩猛侃一通。

苏格拉底当即收下了他，不过需要双倍的学费。年轻人对此不解，苏格拉底解释说："因为我要教你两门功课，一门是教你怎样学会闭嘴，另一门才是怎样去演讲！"

很多圣贤都发现了这个道理，因此他们轻易不作声，大多数时候缄默不语。孔子观于后稷之庙，有3座金铸的人像，就在它的背上铭刻了几句名言："古之慎言人也，戒之哉！无多言，无多事。多言多败，多事多害。"

孔子铭刻"无多言，无多事"，寓意深刻，劝诫人们：为人宁肯保持沉默寡言的态度、不骄不躁，也绝对不要去做那自作聪明、夸夸其谈的"精明人"。

老子认为"大辩若讷"，庄子则说"不言而言"，这些都是古代先贤对于沉默的推崇。

《鬼谷子·本经符》中有云："言多必有数短之处。"这就是成语"言多必失"的出处。为什么言多必失，我们可以从两个角度来分析这个问题。首先，任何一个人都客观存在一定的语言失误率，从概率的角度来说，"言"的基数越大，失误的绝对数目就会越大；其次，言语过多，难免把时间与精力侧重在了说上，给思考留的时间与精力过少，必然会增加了语言的失误率。

言多必失，沉默是金。在非原则问题上不要做计较，在细小问题上不要去纠缠，对不便回答的问题佯装不懂，以圆融化险为夷，以圆融平息矛盾。一个人唯有静下心来，才能集中精力，才能心地空澄，才能明察秋毫之末，才能多听、多看、多想，才能不鸣则已，一鸣惊人。而且，因为你恰如其分的沉默，无疑给别人留下了足够广阔的表演空间，而你则是一个好听众、好观众，这样无疑是会赢得别人的好感与尊重的。

值得指出的是，对沉默是金这句话当然也不应机械地去理解。什么都不表态，什么都保持沉默，并非一种积极向上的人生态度。沉默要恰到好处。火候不足，内不足以修心养性，外不足以亲切感人；火候过老，显然已是身如槁木，心若死灰，又何来生趣呢？

总之，我们不能为沉默而沉默，沉默不是最终的目的。沉默的最终目的是把话说好。只有这样，沉默方才是金。

第六章

社交办事中的圆融与变通

把握淡而不断的交往原则

朋友交往应该是"淡而不断"。交往过密，便有势利之嫌；而断了来往，时间便会无情地冲淡友情。特别是在生活节奏快的今天，朋友之间很难有机会在一起聊天。朋友交往更需要注意维护友情的，比如平时多打一些电话，相互问候一番，也会加深感情。

朋友之间超脱利害关系的交往，会使双方更加珍视友情。有一次德国诗人海涅收到一位友人的来信，拆开信封，里面是厚厚的一捆白纸，一张一张紧紧包着，他拆开一张又一张，总算看到最里面的一张很小的信纸，上面郑重其事地写着一句话："亲爱的海涅，最近我身体很好，胃口大开，请君勿念。你的朋友露易。"

过了几个月，这个叫露易的朋友收到了海涅寄来的一个很大很沉的包裹。他不得不请人把它抬进屋里，打开一看，竟是一块大石头，附上一张卡片，写道："亲爱的露易，得知你身体很好，我心里的石头终于掉了下来。今天特地寄上，望留作纪念。"

这肯定会成为露易一生中最难忘的一封信。他给海涅的信内容有些小题大做，但海涅的回信却也生动形象，他以大石头比喻对朋友的担忧，以"石头落地"表示收信后的放心和轻松。这不仅体现了朋友之间的随和与坦诚，更让人感到朋友之间的热情和友爱。

君子之交，重在心灵的沟通。它最不具有功利目的性，强调的是"淡、简、义"，甚至"木讷"。

君子之交淡如水，与《中庸》上的"君子之道，淡而不厌"是一个道理。君子的交友之道如淡淡的流水，长流不息、源远流长。今人将交友比作花香，友谊就像花香，越淡就越持久，与古人有异曲同工之妙。

那么"淡如水"的人际交往会给你带来怎样的益处呢？最重要的一点是能恢复人际交往的本来价值，即最大限度地达到心理沟通的目的，从而得到最大限度的社会支持感，给个人带来全面的心智收益。现在的人际交往在很大程度上发生了变化，人际交往失去了本来的意义和价值，成为人们的"包袱"。上回他请我吃了一顿饭，这次我不得不回请他；我结婚时他打了2000元红包，现在物价上涨，我得送3000元了。这不是"包袱"又是什么？

人际交往的"成本"还包括交往的频率和一次交往所花费的时间。交往频率过高或交往时间过多，便会出现冷场的局面，如无话可说或者总是谈一个话题，这样的交往就会显得无聊和乏味。如果双方对交往失去了原有的兴趣,交往便会因此而终止。有时候由于交往频率过高和时间过多,还会干扰正常的生活和工作,使交往出现不愉快的情况并导致人际关系破裂。事实上,保持适当的交往频率,控制每次交往的时间——点到为止、见好就收,反而能使彼此对交往一直保持高度的新鲜感,交往也会更加充实和有趣。

如果人们能把"君子之交淡如水"作为人际交往的一个重要原因去遵循,那么就一定能使人际关系更加和谐,并为人们的心理健康和实际生活带来更多的益处。

关系再好也要注意小节

在日常生活中，说一个人不拘小节，一般体现的是豪爽的一面，这样的人往往能够收获较多的朋友，显得随和且人缘好。然而，如果过于豪放，不站在对方的角度去考虑问题，就可能因忽视小节而损害珍贵的友谊。特别是在与重要朋友的交往中，更需注重细节。

在今天这个时代，人们越来越注重交友的质量和情趣，过于不拘小节的人将会逐渐失去朋友对自己的好感，而使自己遭受更大的损失。在处理朋友关系时不妨注意以下几点。

第一，不但要注意、更要注重小节。只有注意与注重相结合，才会有所行动，而行动中才能真正体现出"拘"的含义，"意之责于思，重之责于行"，两者的完美结合，循序渐进，才会有好的结果出现。

第二，不嫌其小。小节，中心就在于"小"字上，就是平时不为他人所关注的问题。正是这些小问题，会反映出许多重要信息。以小见大，积少成多，只要你去做了，就会有闪光点，就必定会为别人所关注。"勿以善小而不为，勿以恶小而为之"，不正是说明了"小"的关键所在吗？

第三，不要歪曲"小"的含义。拘小节不等于斤斤计较，拘小节要拘到点子上、拘到刀刃上。朋友不会喜欢那种在一切事情上都要分清楚、一切事情上都要讲原则的人。

朋友之间要把握交往的"度"

有很多年轻人可能会遇到过这种情况，朋友的热情让其害怕甚至恐惧。朋友之间各自的家庭、工作和其他社会环境都不尽相同。作为朋友，如果不考虑实际，以自我为中心，强求频繁的相聚，可能会给对方带来不便。

此外，人与人之间的差异是必然存在的，交往的次数愈是频繁，这种差异就愈是明显，交往频繁往往会放大这些差异，过度亲密可能不利于友谊的长久发展。因此，交友不要过往甚密，一则影响着双方的工作、学习和家庭，再则会影响感情的持久。交友应重在以心相交，来往有节。

友谊不是爱情，过分地依赖会损害朋友双方的关系。朋友并非父母，他们没有指导和保护你的义务，他们能给你支持，但不可能包办代替。你必须清楚，他们只不过是朋友而已。

有的朋友正相反，他们可能过于强势，盛气凌人，在与朋友的交往中，总喜欢指手画脚，喜欢在交往中主导一切。这种做法无疑不利于友谊的发展。

如果你经常对朋友说，"你应该""你不应该""你必须"，那么，他会认为你是想控制他的生活，这种做法会使朋友感到不愉快。如果你发现自己正被朋友这样"控制"，也不要误以为这是一种无微不至的关怀。你应当勇敢地从这种"控制"中解脱出来，你会发现奇迹般地，你和朋友之间的关系恢复了平等与和谐。

好友亲密要有度，切不可自恃关系密切而无所顾忌，亲密过度，就可能发生质变。好比站得越高跌得越重，过密的关系一旦破裂，裂缝就会越来越大，好友势必会成冤家仇敌。

不要打听朋友的隐私。每个人都有自己的秘密和不愿公开的事情，这是对自己负责的表现。你同样也需要保守自己的秘密，这并不证明你和好友间的疏远，相反，明智的人会认为，如此双方的友谊更加可靠。

在你朋友觉得难为情或不愿公开某些私人秘密时，你也不应强行追问，更不能以你们的关系好而私自去偷看或悄悄地打听朋友的秘密，一般情况下，凡朋友间涉及敏感的个人事务，应由朋友本人决定是否公开。擅自偷听或公开朋友的秘密，是交友之大忌。

给朋友面子、维护他们的形象同样重要。这种方式犹如给你们的亲密关系罩上一层保护膜，让友情滋润成长。

而现实生活中，牢记这一点的人并不多，以密友相称的人为了证明一切，把当众指责、揭露看作一种证明的手段，往往会导致友人的不满。朋友的形象是你们共同的旗帜，不论关系多么亲密，请你不要推倒它。

亲密的友谊，不应该是粗鲁、庸俗的。在理解和赞扬声中，友谊会不断成长。

怎样请求对方帮你办事

任何人都有获得别人尊重的欲望，所以在向别人提出要求时，我们要特别注意使用礼貌的语言，维护对方的面子，照顾他人的感受，巧妙提出自己的要求，讲究分寸，让对方在不经意中向你敞开心扉。

1. 间接请求

通过间接的表达方式（例如使用能愿动词、疑问句等），以商量的口气提出有关请求，委婉的表达方式更容易为人所接受。

"您能否尽快替我把这事办一下？"

（比较：赶快给我把这事办一下！）

通过比较，我们不难看出，间接的表达方式要比直接的表达方式礼貌得多，因而更容易得到对方的认可和帮助。

2. 借机请求

借助插入语、附加问句、程度副词、状语从句及有关句型来减轻话语的压力，避免唐突，充分维护对方的面子。

"不知您可不可以把这封信带给他？"

（比较：把这封信带给他！）

语言中有很多缓冲词语，只要使用得当，就会大大缓和说话的语气。

3. 激将请求

通过流露不太相信对方能成功的想法，把请求、建议表达出来，给对方和自己留下充分考虑的余地。

"您可能不愿意去，不过我还是想麻烦您一趟。"

请别人帮忙或者向别人提出建议时，我们应当考虑到对方可能存在的条件限制或个人意愿，避免强求，展现出自身的理解与分寸。

4. 缩小请求范围

将自己的需求尽量简化，让对方感觉容易接受，从而增加成功的概率。

"您帮我解决这一步已使我感激不尽了，其余的我将自己想办法解决。"

我们确实会发现，人们在提出某些请求时，往往会把大事说小。这并不是变着法儿使唤人，而是适当减轻给别人带来的心理压力，同时也方便自己开口。

5. 谦恭式请求

通过抬高对方、降低自己的姿态把有关请求等表达出来，显得彬彬有礼、十分恭敬。

"您老就不要推辞了，弟子们都在恭候呢！"

请求别人帮助，最传统有效的做法是尽量表示虔敬，使人感到备受尊重，这样会很容易答应自己提出的请求。

6. 自责式请求

首先讲明自己知道不该提出某个请求，然后说明因为实情迫不得已。

"真不该在这个时候打搅您，但是实在没有办法，只好麻烦您一下。"

在人际交往中，要知道在有些时候或场合打搅别人是不适合的、不礼貌的，但这时又不得不麻烦人家。这就需要自己首先表示知道不妥，获得对方谅解，以免显得冒失。

7. 体谅对方立场

首先表达自己对对方情况的理解，再把自己的要求或想法表达出来。

"我知道您手头也不宽裕，不过实在没办法，只好向您借一借。"

提出请求时的重要原则就是充分体谅别人，这不仅要在行动中体现出来，更要在言语当中表示出来。

8. 迟疑式请求

首先讲明自己本不愿打扰对方，然后再把有关要求等讲出来，以缓和讲话语气。

"我其实很犹豫要不要开口，但形势所迫，不得不求助于您了。"

在提出要求时，如果在话语中表示自己本不愿意说，会显得自己比较有涵养。

9. 述说请求

在提出请求时把具体原因讲出来，使对方更容易产生共鸣和同理心。

"隔行如隔山，我对这方面完全不了解，您是专家，请您帮我处理，这样最令人放心。"

在提出请求时，如果把有关理由讲清楚，就会显得合乎情理，令人欣然接受。

10. 事先请求谅解

首先表示请求对方谅解，然后再把自己的愿望或请求等表达出来，以免过于唐突。

"恕我冒昧，这次又来麻烦您了。"

通过礼貌的语言请求对方原谅是交际的最有效方法。这种方式能营造更加和谐的交流氛围。

办事要学会变通

敏锐的眼光和判断力是事业成功的必备素质。任何事情在局势明朗之前，肯定都会有前兆。具有慧眼的人会根据这些细微之处正确判断事态的发展，采取相应的行动。要想获得成功就必须把自己培养成能判断形势的高手，从而把行动的主动权牢牢掌握在自己手中。

生活纷繁复杂，永远有许多无法预测的问题会发生，唯一应对的办法就是保持应变能力。你要准备随时改变方向和思维方式，适应对手的变化。

机动灵活是高效处理事务的关键能力之一。穷则变，变则通，通则久。许多不能办成的事，如果能够采取变通的方法处理，就有可能取得成功。

战国时，庄公把母亲姜氏放逐到城颍，临行他发誓道："咱们不到地底下，别想见面！"

后来他又后悔了，而当时颍考叔担任颍谷封人的官职，听说这件事后，亲自进贡礼物给庄公。庄公宴请他，他吃的时候单独挑出肉来放在一边。庄公问他为什么，他回答道："小臣有老母亲，我想弄些肉给她尝尝。"

庄公说："你有母亲可以送食物，唉，我却没有！"颖考叔说："请问这是什么意思？"庄公把发誓的事告诉他，并且表示后悔不已。颖考叔说："您担心什么呢！要是挖个地道，然后您和姜夫人通过地道见面，谁会说您违背了誓言呢？"

庄公照他的话去办。果然，母子俩就和好了。

毫无疑问，无论是做人还是做事，都不能一根筋或者死脑筋。一位哲人说过，做人要像山一样，做事要像水一样。山是挺拔巍峨的，水是流动多变的，这句话告诉我们，做人要有原则，做事要灵活多变。

为什么要灵活多变？道理很简单，因为世事并不总是一成不变，有时候计划比变化快，如果按照原来的想法继续，可能会事倍功半，甚至是直接失败，所以才要因事制宜，灵活应对。

古人也说，做事要看风使舵，顺水推舟。道理很简单，就是告诫我们做事不能够一根筋，而应当根据实际情况来，注意环境的变化，并随机应变。

管理学中有个"权变理论"，讲的也是这个道理。它是20世纪60年代末至70年代初在经验主义学派基础上进一步发展起来的一种管理理论，其含义是"随具体情境而变"或"依具体情况而定"。

而我们在初高中时学的马克思主义哲学中也常提到"具

体情况具体分析"这一道理，在我们做事时，如果只知道死板地依计划行事，就会忽略客观情况，导致计划不能适应外部环境，做事的结果也会因此而出现偏差。

只有当你能够具体情况具体分析，并做出相应的调整，才能应对瞬息万变的情况。

英国电影《野鹅敢死队》或许可以给我们一些启发。

在电影中，福克纳上校受雇于一位狡猾的银行家。他的任务是从非洲某国的一家监狱中劫出被推翻下台的前总统。福克纳率领的敢死队费尽千辛万苦，终于完成了任务。但这位银行家却在此时与这个国家的独裁者秘密达成了协议。这个协议对福克纳率领的敢死队来说是致命的，因为银行家的背信弃义，原计划来接他们的飞机没有按时出现，眼看着福克纳率领的敢死队将要成为阴谋者的牺牲品，福克纳决定临时改变计划，并制订出一条新计划：他与那位前总统达成了协议，利用这位总统在人民中的威望，组织了一批民众与独裁者展开殊死搏斗。

然而到了前总统的领地，形势又发生了变化：虽然当地民众为了救总统都愿意牺牲自己，但这种想法却遭到了一位神父的坚决反对，这位神父是一名和平主义者，他不想让自己的国家陷入全面内战当中。最终当地部落首领投票决定放弃战争，这使得敢死队再次陷入绝境。

但天无绝人之路，这位神父虽然不同意进行战争，但他告诉敢死队员们，附近的机场有一架飞机，或许能派上用场。

于是，福克纳又制订了一个新的计划：占领机场夺取飞机。

在电影的最后，敢死队员们脱离了危险，并且让那位背信弃义的银行家付出了代价。

现实当然不如电影情节那般惊险，但是，这种"计划赶不上变化"的情况非常常见。所以，这也就要求我们必须具备灵活的头脑，学习机变灵活。

灵活应对并不难，有的时候，灵活就是一种思维的转变。

有理何妨再让三分

或许是生活中我们承受了太多的负荷：被老板骂了，被妻子怨了，被儿子气了……这些似乎都需要无条件忍耐。有的人忍一忍，气就消了；有的人忍耐久了，心中的不平之气就如堤内的水位一样节节攀升。对于后者来说，一旦逮住一个合理的宣泄口子，心中的怒气极易如洪水决堤般汹涌而出，还美其名曰："理直气壮"。

李四踩了张三的脚，连对不起都没一句就扬长而去。你说气愤不气愤？追上去，找他理论！张三理直气壮地拦住李四："你有没有教养啊？踩了我的脚连气也不吭一声就走。"李四一听，有些理亏，忙说了声"对不起"。其实，李四之所以没有及时道歉，是因为心里正专心地想着一件重要的事，没有注意到自己踩了别人的脚。可张三还不依不饶，认为自己有理在手，一定要对方把自己被踩脏了的皮鞋擦干净。结果两人由斗嘴上升到打架，谁也没落个好。

有那个必要吗？笔者发现：人们往往对自己的错误持较为宽容的态度，而对他人的错误则显得更为严厉。原因当然是多方面的，其中主要原因在于，我们对自己的错误过程心知肚明，自然更容易找到自我谅解的理由；而对于别人的过错，由于信息不全，我们难以全面理解，所以比较难找到原谅的理由。因此，大多数人在评判自己和他人时不自觉地用了两套标准。例如：如果我们发现了旁人说谎，我们的谴责会是何等严酷，可是哪一个人能说自己从没说过一次谎？做人要学会给他人留下台阶，这也是为自己留下一条后路。每个人的智慧、经验、价值观、生活背景都不相同，因此在与人相处时，相互间的冲突和争斗在所难免——不管是利益上的争斗还是非利益上的争斗。

大部分人一陷入争斗的旋涡，便不由自主地焦躁起来，一方面为了面子，一方面为了利益，因此一旦自己得了"理"便不饶人，非逼得对方鸣金收兵或竖白旗投降不可。然而"得理不饶人"虽然让你吹着胜利的号角，但它却是引起下次争斗的前奏，因为对方同样会为了面子和利益，寻找机会反击。

最容易步入"得理不让人"误区的，是在能力、财力、势力上都明显优于对方时，也就是说你足以轻易压倒对方时，这时，你更应该偃旗息鼓、适可而止。因为，以强欺弱，并不是光彩的行为，即使你把对方赶尽杀绝了，在别人眼中你也不是个胜利者，而是一个无情无义之徒。

《菜根谭》中说："锄奸杜佞，要放他一条生路。若使之一无所容，譬如塞鼠穴者，一切去路都塞尽，则一切好物俱咬破矣。"所谓"狗急跳墙"，将对方紧追不舍的结果，必然招致对方不顾一切地反击，最终吃亏的还是自己，这也算是一种让步的智慧吧。

有一位哲人说过这么一句引人深思的话："航行中有一条公认的规则，操纵灵敏的船应该给不太灵敏的船让道。我认为，人与人之间的冲突与碰撞也应遵循这一规则。"如果你读懂了这句话，心里一定会亮堂无比，再碰上与人发生纠葛，也能做到理智处之了。

跟敏感多疑型人交往要谨慎

在日常工作与生活中，我们难免会遇上敏感多疑型人。他们内心敏感、疑心很重，很容易与人滋生误会与纠纷。

例如，小浩是公司的一名普通员工，性格较为敏感。有一天，部门领导在例会上说："最近的工作报告质量参差不齐，大家要多注意。"虽然这是对全部门的一般性提醒，但小浩却认为领导是在暗指自己，整整一周都心神不宁，工作效率大受影响。

这类误会在群体活动中极为常见，源于敏感者对他人反应的过度解读。要想更好地与敏感多疑型人相处，就要了解其特点。

1. 认识敏感多疑型人格

（1）容易对他人的言行产生误解。

（2）常常觉得别人在针对自己。

（3）对细节格外在意，喜欢反复确认。

（4）倾向于将中性事件解读为负面含义。

（5）在人际关系中容易产生焦虑。

许多敏感多疑的人在成长过程中可能经历过挫折或背叛，这些经历让他们形成了防御性的心理机制。他们的多疑往往是一种自我保护机制，害怕再次受到伤害。很多敏感多疑的人都有完美主义倾向，这使他们对自己和他人都有很高的要求。

2. 工作中有效沟通的方法

（1）保持透明度。沟通语言力求直接、清晰，避免模棱两可的表达。重要事项最好形成书面记录。及时传达信息，不要给对方产生猜测的空间。

（2）建立信任。我方要说到做到，展现可靠性。对承诺的事情要百分百兑现。如果有变化要提前沟通。

（3）给予足够的安全感。多一些正面反馈，及时肯定对方的贡献。创造开放、包容的沟通氛围。

举个例子，小王和小李是同事，共同负责一个为期一个月的营销方案。小李是一个敏感多疑型人，以下是小王跟小李的谈话：

小王（项目负责人）："小李，这次项目我负责创意和文案，你负责设计，时间安排是这样的：你周五之前完成第一版设计稿，下周一我们讨论修改方案，下周四提交定稿。具体进度我已经发邮件给你了。"

小王的一番话，把任务分工、时间节点都说得清清楚楚，并还有书面记录，这确保了透明度。

小李："好的，我周五之前一定完成初稿。不过如果遇到技术问题可能会稍微延后。"

小王："理解。如果遇到问题随时告诉我，我们一起想办法，调整时间表。"

在这里，小王给予了小李足够的安全感，他理解对方的顾虑，并展示出支持的态度。

很快就到周四，小李顺利完成了设计稿。

小王对小李说："很不错，你提前完成任务，设计的质量也很好。这样我们有更多时间打磨细节，辛苦了!"

小王及时给予了小李肯定,认可了小李的付出,这会让小李更加信任小王。

这个例子展示了透明、信任和安全感如何帮助团队更好地合作。

3. 日常相处的技巧

（1）注意语言表达。避免模糊的言辞，尽量不用反讽或暗示，多用积极、正向的词汇。

（2）保持耐心。给对方足够的时间和空间去消化，不要对重复确认表现出烦躁。用同理心去理解对方的顾虑。

（3）及时澄清误会。发现误解要立即解释，并用事实和证据来支持解释，沟通时避免情绪化的争辩。

以夫妻日常购物为例。其中，妻子属于敏感多疑型人。

妻子："老公，我们家冰箱里的水果快吃完了。"

丈夫："好啊，那下班回来时捎回来。你想吃什么水果？"

在上面，丈夫的回应是非常积极的，不仅告诉妻子自己何时买回来，还主动询问妻子想吃什么。

妻子："我想吃苹果和橙子。橙子要买那种皮薄的，上次买的太厚不好剥。"

丈夫："皮薄的橙子……是不是像上次小红送我们的那种？"

妻子："对对对，就是那种。"

因为"皮薄"只是一个特征，丈夫担心买错，于是很耐心地确认具体要求。

丈夫买完水果回到家。

妻子："咦？这橙子看上去有点不太一样。"

丈夫："是的，我到超市后发现你说的那种橙子没货了。不过导购推荐说这种也很甜，我买了几个回来先尝尝，如果不好吃，明天我再去买别的。"

丈夫及时说明情况变化的原因，并提出解决方案。妻子对此自然不会过多计较。这个例子展示了如何用正向表达、保持耐心和及时澄清来维护良好的日常沟通。

4. 注意自我保护

在与敏感多疑型人相处时，也要注意保护自己。

（1）设立心理边界。明确自己能做的与不能做的，不要过分投入情感。保持适当的专业距离，学会合理划分责任。

（2）管理好情绪。不要被对方的情绪感染、支配。保持积极乐观的心态，适时寻求支持和帮助。

新员工小丽有些敏感多疑，她求助老员工吴姐："吴姐，这个报表你能帮我看一下吗？我怀疑有人给了我错误的数据。"

吴姐："好的，我可以帮你核对数据的准确性，但对于数据来源的判断，需要你和提供数据的同事直接沟通。"

吴姐明确自己能帮什么，不能帮什么，设立出清晰的边界。

小丽情绪有些激动:"为什么一个简单的数据也总是出问题,数据部是不是在针对我?"

吴姐:"小丽,我理解你想把工作做好的心情。我们先把注意力放在核对数据上,等核对完再看下一步怎么处理吧。"

吴姐保持冷静,没有被对方的焦虑情绪影响。这个例子展示了与敏感多疑型人打交道时,要设立适当的界限,管理好自己的情绪,以此更好地保护自己。

5. 提升沟通技巧与情绪管理的能力

在与敏感多疑型人交往时,保持良好的情绪控制和沟通技巧显得尤为重要。沟通时,尽量避免用不确定的语气或含糊的表达,努力让对方感受到你的尊重和理解。适当的情绪管理不仅能帮助你与敏感多疑型人更好地相处,还可以避免在冲突中失去冷静,使沟通更顺畅。

例如,张经理在与一位对项目变更有疑虑的下属沟通时,他保持耐心,逐步解答了对方的每一个问题,并在回答后确保对方理解了他的意思。张经理不仅化解了对方的焦虑,还增进了双方的信任。这种有效的沟通方法是处理复杂人际关系的重要技巧。

6. 提高情商应对不确定性

面对敏感多疑型人带来的挑战，高情商能帮助我们更好地应对他们的反应，并在不确定性中保持稳定。对于敏感的人来说，任何看似普通的变化都可能引发不安，因此，我们要尝试站在对方的角度思考，用平和的态度缓解他们的疑虑。

例如，李姐在团队中对敏感的同事们有着深刻的理解。每当项目有重大调整时，她会提前向团队说明原因，并详细解释新计划的益处。在她的影响下，团队的适应能力逐渐提升，敏感的同事们也不再因小事频繁焦虑。这种方法不仅有助于减轻敏感人群的疑虑，还能提高团队整体的应变力。

7. 鼓励对方的独立性和自我反思

在工作或生活中，适当鼓励敏感多疑型人进行自我反思和提升独立性也有助于缓解他们的过度敏感。通过这种方式，他们可以逐渐认识到自己的问题所在，并尝试在遇到疑虑时首先从自身找原因，而非一味怀疑他人。

例如，小张在面对一位经常怀疑自己工作能力的同事时，除了提供帮助外，他还鼓励对方在每次完成任务后总结经验，反思自己的进步。随着时间的推移，这位同事逐渐意识到自己的成长和能力，变得更加自信。这种引导不仅帮助了敏感同事个人成长，也让团队氛围更加积极。

8. 避免陷入"拯救者"心态

面对敏感多疑型人，我们可能会有一种想要帮助他们走出困境的冲动。然而，过度投入往往会带来反效果，使自己逐渐承担起过多的情感责任。因此，务必警惕自己陷入"拯救者"心态。在提供必要帮助的同时，要明白每个人的情绪与成长需要自我负责，保持适当的情感界限。

例如，王老师在指导一位因考试失误而情绪低落的学生时，虽然给予了鼓励，但也提醒学生，这只是成长中的一次小挫折。她鼓励学生学会自我调整，而不是一味依赖外界支持，这样，既为对方提供了帮助，也避免了自己被对方的情绪牵制。

不被拒绝的6个诀窍

当你满怀希望地向他人提出要求时，却当场遭到对方的拒绝，那场面是很令人难堪的。这种被拒绝而产生的尴尬往往会使人感到心冷、失落、心理失衡，甚至出现不正常心理，比如记恨或报复，因而影响彼此之间的关系。

在现实生活中，造成尴尬的原因很多，有些是无法预见、难以避免的，但有些却是可以通过自己的努力加以避免的。从交际的角度来看，避免尴尬也是交际能力的组成部分；每个参与交际的人都应学会并努力防止不必要的尴尬情况发生。

首先，在参与交际活动之前，要对交际对象和自己提出的要求及可能被满足的程度有基本的估计，起码要估计三个方面情况。

一是要衡量自己的要求是否超出了对方的实际能力范围。如果要求太高，脱离实际，对方无力满足，这样的要求最好不要提出。否则，必然会自找难堪。

二是看对方的人品和与自己关系的性质、程度。如果对方并非乐善好施之人，即使你提出的要求并不高，对方也会拒绝。对于这种人最好不要提出要求，不然也会自寻尴尬。此外还要看彼此关系的深浅，如果交情尚浅，那么即使要求不高，也可能遭到拒绝，从而引发尴尬。

三是看你提出的要求是否合理合法。如果所提要求违反政策规定，对方自然会拒绝，这样的要求从一开始就不应提出。

在进行求助性交际活动前，需要先做上述估计，然后再决定如何提出自己的要求，一般说来这样做是可以避免很多尴尬场面出现的。

其次，要学会交际中的试探技巧。人际交往的情况是很复杂的。有时，即使你有预先评估，也难免遭遇意外，或估计出现偏差的情况。这样，尴尬场面仍然可能降临到你的头上。在这种情况下，如何避免出现令人难堪的局面呢？

1. 顺便提出法

有时提出问题无须郑重其事的方式。因为这种方式显得过分重视，一旦被否定，自己会感到下不来台。如果在执行某一交际任务过程中，利用适当时机，顺便提出自己的问题，那么，即使被拒绝也不会觉得难堪。比如某业务员在与某厂长谈判，谈判告一段落时，向对方提出一个问题，说："顺便问一句，你们厂要不要人？我有个同事想到你们这里来工作。"厂长说："我们厂的效益不错，想来的人很多。可是目前我们一个人也没有招。""噢，是这样。"在对方的否定答复面前，他一点也没有感到尴尬，但是已达到了试探的目的。

再如，小赵随同厂长去拜访一位有名望的书法家，在谈完正事之后，小赵乘机说："万老，我很喜欢您的字，如果您在百忙中能给我写一幅，那就太好了。"万老说："近来我身体不太好，以后再说吧！"很显然这是在拒绝，但是，由于是顺便提出的要求，小赵并不感到尴尬。

实际上在很多情况下，顺便提出的问题往往是自己要说的真正意图，但是，由于使用这种轻描淡写的方式顺便提一句，就能够使自己变得更主动，有退路可走，也可以有效地防止因对方否定而造成的心理失衡。

2. 自我否定法

自己对所提问题拿不准，如果直截了当提出来恐怕失言，造成尴尬，这时，就可以使用边提出问题边自我否定的方式进行试探。这样，在自我否定的意见中就隐含了两种可供对方的选择，而对方的任何选择都不会使你感到不安和尴尬。比如，有一位年轻作者在某刊物上发表了两篇小说，可是只收到一篇的稿费，他想这一定是编辑部弄错了，可是又没有把握。他担心直接提出后，如果是自己弄错了，被驳回来那就太尴尬了。于是，他这样提出问题："编辑老师，我最近收了200元稿费，这一期刊登了我两篇稿子，不知是一篇还是两篇的稿费？"对方立即查了一下，抱歉地说是他们搞错了，当即给以补偿。可以看出，这位作者在沟通时确实展现了巧妙的技巧，他同时提出两种可能，而且把自己的想法作为否定的意见提出。这样即使被对方否定，也因之前的铺垫而不会感到难堪。

3. 玩笑化解法

有时还可以把本来应郑重其事提出的问题用开玩笑的口气说出来，如果对方给以否定，便可把这个问题归结为开玩笑。这样既可达到试探的目的，又可在一笑之中化解尴尬，维护自己的面子。

4. 投石问路法

这个方法具体指的是，当你有具体想法时，并不直接提出，而是先提一个与自己本意相关的问题，请对方回答，如果从其答案中已经得出否定性的判断，那就不要再提出自己原定的想法，这样可以避免尴尬。比如，有个女青年买了块布料，拿回家后看到售货员找的钱不对。但是，又没有把握是人家错了，于是她找了回去，问道："小姐，这种布多少钱一米?"对方答后，她立即明白是自己算错了，说了句"谢谢"，满意地离开了商店。

这个事例告诉我们，当自己拿不准的时候，不要武断地否定对方，最好使用投石问路法，先摸情况再决定下一步行动不迟。相比之下，那些冲动行事、未经核实就向人挑战的人，往往容易出错，最终令自己陷入尴尬境地。

5. 电话沟通法

打电话提出自己的要求与当面提出有所不同，由于彼此只能听到声音而不见面，即使被对方否定，冲击感也较小，比当面被否定更易接受。

6. 声东击西法

当你想提一个要求时，可以先提出一个与此同属一类的问题，试探对方的态度。如果得到肯定的信息时，便可以进一步提出自己的要求；如果对方的态度是明确的否定，那就免开尊口，以免出现尴尬。比如，有一位员工打算调离本单位，但又担心领导当场给予拒绝，或给领导留下坏印象，于是他这样提出问题："领导，咱们单位有的青年同志想挪挪窝儿，您觉得怎么样？"领导说："我是赞成人才流动的。"他见领导态度还可以，于是进一步说道："如果这个人是我呢？""那也不拦，只要有地方去。"这样他明白了领导的态度，不久，他正式向领导提出了调动的申请。用声东击西法进行试探，其好处是可进可退，进退自如，在交际中极具实用价值。

最后需要提出的是，避免出现尴尬并不是我们的最终目的，它不过是为了保护自己的自尊和面子所采取的一种策略性手段。然而，更重要的是，我们应更多地研究一些如何在被对方否定后，运用交际的技巧扭转败局，争取最后的胜利的方法。这才是提升我们交际能力的关键所在。